这是一本将管理思想与财报数据完美融合的商业宝典
谨以此献给有追求的企业家

# 商道就是共享

## 从财报数据穿透商道本质

薛云奎 著

机械工业出版社
China Machine Press

图书在版编目（CIP）数据

商道就是共享：从财报数据穿透商道本质 / 薛云奎著 . -- 北京：机械工业出版社，2022.5
ISBN 978-7-111-71060-8

I. ①商… II. ①薛… III. ①企业管理 - 经验 - 中国 IV. ① F279.23

中国版本图书馆 CIP 数据核字（2022）第 105889 号

## 商道就是共享：从财报数据穿透商道本质

出版发行：机械工业出版社（北京市西城区百万庄大街 22 号　邮政编码：100037）

| | |
|---|---|
| 责任编辑：华　蕾 | 责任校对：马荣敏 |
| 印　　刷：北京联兴盛业印刷股份有限公司 | 版　　次：2022 年 8 月第 1 版第 1 次印刷 |
| 开　　本：170mm×230mm　1/16 | 印　　张：20 |
| 书　　号：ISBN 978-7-111-71060-8 | 定　　价：99.00 元 |

客服电话：（010）88361066　88379833　68326294　　投稿热线：（010）88379007
华章网站：www.hzbook.com　　读者信箱：hzjg@hzbook.com

版权所有・侵权必究
封底无防伪标均为盗版

# 目 录

前言
题
习惯用语说明

## 上 篇
## 任正非与华为的逆势生长

**导读** ........................................................... 3

华为事件起因 ................................................ 5
华为"备胎"计划 ............................................ 6
美国层层加码的四轮制裁 .................................. 7
任正非：华为不是小偷，我们比较先进 ................. 9
美国政府封杀华为，或出于情报误判 ................... 9
惊天逆转，或因任正非悲悯天下 ........................ 10
本篇内容与结构安排 ...................................... 11

## 第 1 章　任正非与华为的创立　　　14

1.1　出生于"书香门第"　　　14
1.2　就读于重庆建筑工程学院　　　16
1.3　入伍成为基建工程兵　　　17
1.4　浮球式标准压力发生器　　　18
1.5　任职电子公司　　　19
1.6　白手起家，创建华为　　　21

## 第 2 章　华为可比公司与行业竞争生态　　　22

2.1　诞生于斯坦福大学的思科　　　23
2.2　乔布斯 21 岁在车库创立苹果　　　24
2.3　瑞典"百年老店"爱立信　　　25
2.4　美国无线通信大企业威讯电信　　　26
2.5　无线专利大赢家高通　　　27
2.6　芬兰巨无霸诺基亚　　　28
2.7　中国友商中兴　　　29

## 第 3 章　基站、定制与手机三轮驱动　　　31

3.1　苹果：iPhone，Mac 和 iPad　　　37
3.2　爱立信：网络、数码服务与管理服务　　　41
3.3　诺基亚：通信网络、专利授权和软件服务　　　43
3.4　思科：平台服务、应用服务和安全服务　　　45
3.5　高通：系统集成、专利授权和新业务　　　47
3.6　中兴：运营商网络、政企业务和消费者业务　　　49

## 第 4 章　双轮驱动：客户需求与技术创新　　52

4.1　中兴，正在从美国制裁中恢复元气　　55
4.2　思科，背靠美国的市场优势　　56
4.3　高通，正在经受华为后来居上的强大压力　　57
4.4　爱立信，在夹缝中求生　　58
4.5　诺基亚，强弩之末　　58
4.6　苹果，正在加大研发投入　　60

## 第 5 章　销售增长与毛利权衡　　63

5.1　要毛利，但更要市场　　64
5.2　思科只要高毛利　　67
5.3　技术优势持续被削弱的高通　　67
5.4　只求活着的其他友商　　68

## 第 6 章　大道至简与效率优先　　72

6.1　扎实的管理基本功　　73
6.2　思科购并后遗症，商誉规模降低管理效率　　74
6.3　高通频繁购并，增加商誉资产　　76
6.4　诺基亚，资本运作大伤元气　　78
6.5　谨小慎微的爱立信　　78
6.6　中兴，股权投资偏财旺　　80
6.7　苹果内生增长，资产简明效率高　　81
6.8　费效比的综合比较　　84
6.9　人均产值和利润的综合比较　　87

## 第 7 章　财务风险控制与资金成本权衡　　91

7.1　应对挑战，华为提升财务稳健性　　93
7.2　高通过度分配，导致财务风险指标畸形　　97
7.3　苹果巧用财务杠杆，提升股东报酬率　　99
7.4　中兴财务风险平稳化解　　100
7.5　思科财务相对安全　　102
7.6　爱立信提升流动性，对冲财务危机风险　　104
7.7　诺基亚财务风险可控　　105

## 第 8 章　当前利润与长期利益的协调　　108

8.1　中兴正财不足偏财补　　113
8.2　苹果是全球最大的盈利大户和纳税大户　　115
8.3　思科业绩稳定　　117
8.4　高通净利润含金量高　　117
8.5　诺基亚维持公司正常运营　　120
8.6　爱立信盈利"压力山大"　　120

## 第 9 章　万般神通皆小术，唯有空空是大道　　125

9.1　共享　　126
9.2　专注　　129
9.3　超越　　132
9.4　狼文化　　135

# 下 篇
# 中国家电业的全球竞争

导读   140

## 第 10 章   何享健与他的美的人生   143

10.1   美的创立   144

10.2   专业化聚焦，走品牌发展之路   144

10.3   勇闯国际化发展道路   145

10.4   股份制改造并成功上市   145

10.5   管理层收购，建立长效发展机制   146

10.6   强化家族控股，优化治理结构   146

10.7   借势股权分置改革，逆市增持公司股份   147

10.8   百亿股权大变现   147

10.9   建立防火墙，完成交接班   148

10.10   十全十美：没有更好，只有最好   148

## 第 11 章   方洪波成就全球最大家电企业   150

11.1   收购荣事达，布局洗衣机行业   151

11.2   收购小天鹅，成就洗衣机行业龙头   151

11.3   收购联合技术埃及公司和开利南美公司，拓展非洲与拉美市场   152

11.4   规划产业发展路径，建立家族防火墙   153

11.5   确立"产品领先、效率驱动、全球经营"的发展战略   153

11.6   收购东芝电器，试水经营国际品牌   154

| | | |
|---|---|---|
| 11.7 | 要约收购库卡集团，深度试水高科技转型 | 155 |
| 11.8 | 吸收合并小天鹅，增强产业协同效应 | 156 |

## 第 12 章　全球家电大变局　　158

| | | |
|---|---|---|
| 12.1 | 中国家电业集中度分析 | 158 |
| 12.2 | 韩国家电，三星傲视群雄 | 160 |
| 12.3 | 日本家电，品牌众多 | 162 |
| 12.4 | 美国家电业的过去与现在 | 166 |
| 12.5 | 欧洲家电，独具传统 | 168 |

## 第 13 章　中国家电业的国际化与全球排名　　172

| | | |
|---|---|---|
| 13.1 | 格力电器，全球最大的空调供应商 | 173 |
| 13.2 | 海尔智家，以冰洗业务见长 | 174 |
| 13.3 | 美的集团，全球最大的家电供应商 | 176 |
| 13.4 | 全球家电排名之争与中国家电企业的国际化 | 177 |

## 第 14 章　中国家电业的黄金 10 年　　180

| | | |
|---|---|---|
| 14.1 | 中国家电业黄金 10 年的阶段划分 | 181 |
| 14.2 | 中国家电业的崛起与西方家电业的衰落 | 184 |

## 第 15 章　中国家电业的市场定位　　185

| | | |
|---|---|---|
| 15.1 | 美的集团的成本领先策略 | 185 |
| 15.2 | 格力电器着力打造中国的空调专家 | 188 |
| 15.3 | 海尔智家，品牌营销 | 189 |
| 15.4 | 惠而浦品牌日渐衰落 | 190 |

15.5 伊莱克斯，风光不再　　　　　　　　　　　　　　　　191

## 第 16 章　研发投入与产品创新　　　　　　　　　　　　194

16.1 美的集团，率先转型　　　　　　　　　　　　　　　194
16.2 格力电器，不甘落后　　　　　　　　　　　　　　　195
16.3 海尔智家，后来居上　　　　　　　　　　　　　　　196
16.4 国际巨头，后劲不足　　　　　　　　　　　　　　　196
16.5 家电制造：是生意，还是事业　　　　　　　　　　　197

## 第 17 章　购并与资产利用效率分析　　　　　　　　　　200

17.1 美的集团的痛点与优势　　　　　　　　　　　　　　200
17.2 格力电器的"绿肥红瘦"　　　　　　　　　　　　　 204
17.3 海尔智家管理效率呈显著下降趋势　　　　　　　　　207
17.4 惠而浦产能利用不充分　　　　　　　　　　　　　　209
17.5 伊莱克斯管理效率低　　　　　　　　　　　　　　　210

## 第 18 章　人效比、费效比与人工智能时代　　　　　　　213

18.1 美的集团人效比趋势向好，费效比略有改善　　　　　214
18.2 格力电器人效比、费效比表现卓越　　　　　　　　　216
18.3 海尔智家人均创收最高，逆势上扬　　　　　　　　　217

## 第 19 章　财务杠杆、谈判能力与风险控制　　　　　　　219

19.1 美的集团财务风险张弛有度　　　　　　　　　　　　219
19.2 格力电器财务风险稳步下降　　　　　　　　　　　　221
19.3 海尔智家资金链略紧张　　　　　　　　　　　　　　223

19.4　惠而浦、伊莱克斯的财务风险逐步加大　　224

## 第20章　利润增长及其质量　　228

20.1　美的集团，教科书式的稳定增长　　228

20.2　格力电器业绩受新冠肺炎疫情影响严重　　231

20.3　海尔智家逆势增长，或与其全球布局有关　　234

20.4　惠而浦、伊莱克斯因新冠肺炎疫情而受到拉动　　237

## 第21章　中国家电业的成功之道与未来展望　　240

21.1　中国家电消费市场增长　　241

21.2　中国家电产业的市场化　　243

21.3　企业发展的国际对标与全球经营　　243

21.4　研发投入与产品创新　　246

21.5　股权改革与公司治理　　248

**跋**　　260

**注释**　　273

# 前言

"穿透财报系列"第三部——《商道就是共享：从财报数据穿透商道本质》，经过三年多时间的努力，今天终于结集成书了。本书分为上、下两篇。

上篇"任正非与华为的逆势生长"，集中讨论了以华为为主的全球通信业7家顶级公司的竞争格局，包括华为、中兴、爱立信、诺基亚、苹果、高通和思科，系统总结和提炼了华为的竞争潜力和成功之道。

下篇"中国家电业的全球竞争"，系统分析了以美的为核心的中国家电制造业的崛起之路，所分析的企业包括美的、格力、海尔、惠尔浦、伊莱克斯，以及韩国三星、LG，欧洲西门子、飞利浦、博西家电，美国通用家电，日本松下、夏普、三菱、日立、索尼和东芝等。

这些分析和讨论均以它们过去10年或者更长时期的公开财报为依据，利用四维分析法原理，涵盖公司经营、管理、财务和业绩四个维度的过去与现状评价，对这些公司的商业模式、战略构思、公司治理以及文化与价值观也有简要的透视与分析。本书是一本值得公司高层管理人员学习财报分析框架与方法，深度理解公司战略与经营、管理与业绩、优势与短板的重要文献。

本书与"穿透财报系列"的前两部相比，具有如下几个特点。

第一，案例不再只是分析单一的样本公司，而是分析行业内具有一定可比性的一组公司。比方说分析华为，是指分析包括华为在内的一系列 ICT（信息与通信技术）巨头，包括中国的中兴、瑞典的爱立信、芬兰的诺基亚，还有美国的思科、高通、苹果、威讯等。这样安排的目的是希望通过这些案例对比，不仅能够了解华为是不是一家好公司，还能够了解华为周围的一系列公司是不是好公司，以及它们为什么好和为什么不好。这对我来说是一种挑战，对读者来说也是一种挑战。因为解读一个行业要远比解读一家公司所涉及的脉络复杂得多。

第二，本书所选案例不再局限于中国本土的公司，而是在全球范围内行业内顶级公司，以此来发现中国距离世界究竟有多远。在中美贸易战背景下，有些激进的言论盲目地认为中国已经超越了美国，可以跟美国"正面交锋"。也有一些特别理性的学者悲观地认为中美贸易战背景下的中国经济和中国企业实质上不堪一击，所以，最好选择"避战"。实际上，目前中美之间的局面恐怕早已不是要不要"正面交锋"的问题了，而是如何在正面冲突的前提下有效地发展自己的能力、参与全球竞争的问题了。

我之所以选择**华为**，是因为它是**中国民营高科技公司**的典型代表，创办于中国改革开放的早期。华为白手起家，从零起步，历经 30 多年的发展，逐步跻身全球通信设备制造业的前列，并在 5G 时代到来之际，已处于全球领先的位置。所以，它所代表的不仅仅是一家中国企业的崛起，而是一个国家、一个民族的崛起，具有较大的普遍意义。

我之所以选择**美的**，是因为它是**中国传统制造业**的典型代表。它创办于1968年，是中国最早的乡镇企业，通过多次的蜕变，逐步成为当今世界最大的家电供应商，它本身所承载的历史，足以说明这个时代的变化过程。与之相生相伴的海尔和格力，更是补充了这段历程中别样的选择和风格，使得这段历史更加丰满。

通过这两个不同领域的中国企业与世界顶级企业之间的比较，我们可以大致了解，中国的企业距离世界顶级企业究竟有多远，我们前面的路还有多艰难。我希望借助这些企业过去年份所公开发布的财报，来为大家提供一种另类的深度思考，解析**中国企业的实力及其与世界顶级企业之间的距离**，尤其是与美国顶级企业之间的距离。

第三，本书的案例分析仍然采用**四维分析法**，只不过，是四维分析法的升级版。与前两部相比，本书的四维分析法框架会更加明晰，更具有弹性，重点也会更加突出，结论会更加客观，因为将个案放在一个更加宽广的视角下，会看得更全面。我们除了要系统比较这些样本公司的**经营、管理、财务和业绩**之外，还会对这些公司的治理结构展开分析和讨论，讲述这些公司的发展历史、策略、创始人和价值观。我们通过10年甚至更长的一个时间维度，充分认识案例公司的发展规律和商业本质，真正了解中国公司的优势和弱点，站在客观中立的立场上了解自己，认识对手，以此为读者建立更加广泛的分析维度，使得我们的认知更加全面。

第四，本书的内容更加灵活且具有趣味性。"穿透财报系列"第一部着重于四维分析法的原理，来来回回用相同的方法，解析15家中等规模的上市公司，因为目的不是要分析这15家公司，而是要用这15家公司来讲述四维分析法的原理。"穿透财报系列"第二部的重点是如何没有偏见地下结论，所以，我选择了16家在资本市场上极具争议的公司。这些公司有的人说好，有的人说不好。比方说华谊兄弟、乐视网、暴风集团、全通教育、中兴、华大基因等。对于这些舆论风暴中的公司，我希望四维分析法能够提供独立的分析结论。而且，也想借此说明：**在财报分析的实践中，比分析方法更重要的是如何没有偏见地下结论**。

本书的重点是将四维分析法原理应用于公司之间的比较，不仅仅把对一家公司的分析拓展到了六七家公司之间的对比，而且，也将单纯财报分析的四个维度适当地拓展到了公司的治理结构和文化价值观方面。所以，其复杂程度比前面两部书更高，是前面两部书所奠定方法论基础的综合应用。横向对比的方法也采用了两种不同的细分形式：上篇采用的是以华为的四维分析结论为主线，以它的结论去对标全球同行业的其他企业，重点关注华为在遭遇美国制裁前后的财报变化；下篇采用的是横向平行对比的方式，尽量保持了**各样本公司分析结论的系统性、客观性与独立性**。个中优劣，留给读者自己品评。

第五，本书更加注重挖掘分析结论的恰当性，而适当地忽视四维分析法的教条和严谨。所以，在方法的运用上面显得更加灵活，不太注重读者的方法论基础和感受。这对于缺乏财报基础或财报分析基础的读者来说，恐怕会面临一些不适和挑战。如果你对本书所运用的方法或分析结论存有大量疑问，建议以"穿透财报系列"第一部和第二部书为基础，它们会帮助你厘清一些基本概念和内在逻辑。因为财报是会计专业工作的成果，若完全没有接受过会计或工商管理的专门训练，要理解财报中的基础概念及内在逻辑有相当程度的困难。尽管四维分析法是在尝试用一种通俗易懂的框架和语言来解读这些专业的财报,但解读过程中仍然不免会使用这些专业的术语和概念。所以,本书的目标读者应当是**具有一定工商管理知识的公司高层经理人员或相关领域的专业人员。**

我要特别感谢研究助理刘雪莹在本书成稿过程中的勤奋、细致和耐心。书中所涉及的数据和图表,几乎都出自她手。其中饱含了她的汗水、灵巧和智慧。没有她的努力,这本书是很难在这么短的时间内成稿并交付出版的。与"穿透财报系列"第一部和第二部一样,上海师范大学副教授郭照蕊博士以他极具专业的经验和细心,校验了本书的文字和图表,避免和减少了书中文字、数据及其计算上的错误,在此一并致谢。虽然他们帮助我完成了大量的基础和校验工作,付出了艰苦卓绝的努力,对本书的成稿贡献巨大,但书中错漏或不当,仍然全部由我本人负责。

在本书成稿过程中,华为国际顾问田涛和美的董事长方洪波都曾提出过宝贵的意见和建议,并对部分陈述提出过中肯的修改意见。淳厚基金李雄厚董事长、同济大学白云霞教授、南京财经大学朱秀丽教授、南京审计大学陈汉文教授、珀丽斯薛建峰博士、厦门大学刘峰教授、赛领资本何凡博士、国金证券谭军博士、美华汇金贺勇董事长、绝味食品王志华总监、联合国亚太数字经济工作组(UN ESCAP ESBN)包宇委员、上海头水研究员常杰和庞皓匀等,在本书成稿过程中,都曾经提出过许多宝贵的意见和建议。海南颐和投资何群董事长、东方润安蒋中敏董事长、铁骑力士雷文勇董事长、乾丰供应链唐和明董事长、东方雨虹刘斌副董事长、威华集团李建华董事长、伟标工艺王海源董事长、思睿明吴雯董事长、上海赢韵投资于献忠董事长和张胜翔、瑞盈投资王薇董事长、漂流中国合伙人李伟怡、极氪资本合伙人金红宇等，在本系列图书出版过程中都给予过诸多无私的帮助和支持，在此一并致谢。

我还要特别感谢长江商学院图书馆刘业珊、教学支持部白璐，以及机械工业出版社华章分社华蕾等，在本书成稿过程中所给予的大力支持与帮助，在此一并致谢。感谢还有许许多多未提及名字的同事和朋友们，感谢你们的理解、支持与帮助。

感谢我的家人谢芳和薛秋立一直以来在生活上和事业上的各种关爱、支持和照顾。更要特别感谢她们作为本书很多篇章的第一读者所提出的诸多宝贵意见和建议。这些意见和建议，为本书得以高质量完成起到了重要的奠基作用。

最后，我要衷心感谢一路陪伴我成长的读者朋友们，以及喜马拉雅平台"薛云奎的价值投资课"的听众朋友们，还有我个人公众号的粉丝。感谢你们在线上、线下的诸多互动与支持，你们在线上平台的评论和留言，也为本书的成稿提供了重要的养分。你们一如既往的支持和激励，使我一直充满了对财报案例分析的激情，而这也是推动本书得以顺利成稿的重要动力。唯有努力工作，才有美好生活。

衷心感恩所有因本书而结缘的朋友，衷心祝愿大家安详、和谐与快乐！

薛云奎
2021 年 12 月 31 日于上海下沙

什么是好企业？这有点像伦理命题。虽然复杂、空洞，但探讨这个问题本身却有助于把管理学从"术"的层面上升到"道"的层面。**"万般神通皆小术，唯有空空是大道。"**管理学从过去到现在，几乎所有的门类都停留在"术"的阶段，很少上升到"道"的高度。今天，我尝试把公司分析的话题引向一个更深入和更广泛的领域。即使这样的尝试不成功，也了无遗憾，因为起码这会为大家树立一个可以攻击的对象或靶子，以引起大家对"管理之道"或者说"商道"的重视。

从定性的角度，好企业是指那些"走正道，守规矩"的企业。"走正道"，指的是它的生意符合共同价值；"守规矩"，指的是它的商业行为符合现行法律规范。简单地说，只要是符合法律规范的商业行为，都是健康的商业行为。但如果从共同价值的角度来分析，标准就会变得更高一些。

做一家好企业，犹如做一个好人，甚至比做一个好人更困难。因为做好人，只要自己做好了，就是好人。做一家好企业，是要把一大群人都变成好人，才能成为一家好企业。10万人的企业，这一大群人就是10万个个体；100万人的大企业，这一大群人就是100万个个体。华为2020年在全球雇用了19.7万人，所以，华为要成为一家好企业，需要把这19.7万个个体都塑造成好人。这需要多么强有力的企业文化和价值观。所以，判断一家企业是不是好企业，财报分析的结论可能还在其次，而融入企业文化底层的价值观，恐怕才是最根本的决定因素。本书试图将企业战略构思和底层价值观与财报分析融合在一起。

华为的愿景与使命是把数字世界带入每个人、每个家庭、每个组织，**构建万物互联的智能世界**。它奉行"以奋斗者为本""以客户为中心"和"价值为纲"的经营理念，始终把满足客户需求放在所有管理工作的首位，致力于为每个客户创造价值。

美的（Midea）秉承"科技尽善，生活尽美"的宗旨，致力改善人类的生活品质，**不断以创新的科技去改进产品及服务**，让人类生活变得更加舒适及优质。它利用"My Idea"的近似发音"My Dear"，表达美的诚挚的赤子之心，对质量的执着、对家庭的照顾和对美好生活的憧憬。

除此之外，公司治理也是评价企业优劣的一个重要维度。因为一家科技向善或商业向善的企业能否坚持长期向善，关键就取决于它的决策体系和治理机制。比方说它的决策体系改变了，它原来秉持的价值观也很有可能因此而改变。再比如说，虽然它的决策体系没有改变，但它的治理机制不足以保证它在巨大的利益面前顶住诱惑，它同样有可能为了某种利益而丧失自己的良知。所以，公司治理，亦如它的文化与价值观一样，是决定一家企业是不是好企业的关键性因子。但由于在现有的财报体系中还很难建立系统的量化标准，因此，它们并不包含在现有的四维分析法框架内。

　　从上述意义上来说，四维分析法的框架是一个狭隘的分析框架，它**只是基于财报公开披露的数据而建立的公司分析框架**。比方说，盈利的是好企业，亏损的就不是好企业；销售收入正增长的是好企业，负增长的就不是好企业；销售毛利率上升的是好企业，下降的就不是好企业；资产利用率提升的是好企业，下降的就不是好企业；等等。好与不好也就变成了单一的财务指标衡量结果。

　　当然，这种单一的财务指标体系同样是架构在现有法律与道德框架体系内的产物，只是它们有系统的交易数据支撑而已。相信在不久的将来，当下正在蓬勃兴起的**"企业治理与社会责任报告"**，也能形成系统的财报数据。也许到那时，四维分析法的框架可以自然而然地扩展至第五维和第六维。目前基于系统财报数据的四维分析法，只是企业评价的一个基本模型，或许只适合在资本市场上筛选出好的投资对象，而非真正的好企业。但市场（包括消费市场与资本市场）的广泛认同，在一定程度上是否也能折射出当前社会的一种共识？比方说，销售收入的快速增长代表了消费者的普遍认同，隐含了它的产品或服务承载了正确的价值理念，而股价上涨则代表了投资者对所投资的企业的普遍认同，表达了它正走在正确的道路上。但这些分析是否能成为结论，还有待做进一步的研究和检验。以下的分析只是基于财报公开数据所得出的结论。

　　从财报公开数据来看，毫无疑问，改革开放以来中国在诸多领域都取得了长足的发展和巨大的进步。华为领跑了 5G 时代的通信技术，美的、海尔和格力则领先于全球的家电业同行，逐步在全球建立起自己的品牌形象和市场地位。但中国企业是否已真正具备世界级企业的组织能力、协同能力、创新能力和管理能力，还有待全方位的分析和评价。

**四维分析法是基于财报数据及其底层逻辑而建立的企业评价体系。**它包括企业的**经营、管理、财务和业绩**四个维度。四维分析法的每一个维度都有其独特的含义。通过在喜马拉雅平台渐次递进的三门课程以及"穿透财报系列"三部曲前两部的学习，我相信大家已经掌握了这套方法体系的精髓，已深刻领会了这四个维度的内在含义及其指标体系。在这里，我将这一方法的应用重点加以总结和提炼，以帮助更多的读者掌握这套分析框架与方法的精髓。

经营维度分析的本质是**了解和评价一家企业的增长**，销售收入反映企业的买卖，销售收入的增长表达了顾客或者消费者对企业产品或服务的喜爱程度。所以，销售收入的持续增长便成为我们衡量一家企业**经营是否成功**的重要尺度。但销售收入的增长有不同的质量，**内生增长是高质量的增长，是有机增长**，而购并增长通常是资本运作的结果，是低质量的增长。在不牺牲现有毛利前提下的增长，是高质量的增长，而大幅度摊薄现有销售毛利率的增长，则是稀释了未来的品牌能力；有利润的增长是高质量的增长，没有利润的增长很可能是在浪费社会资源。只有**区分了销售收入的质量及其未来的可持续性，销售收入增长的分析才变得有意义。**

**管理的本质是追求效率**，效率的含义是**投入与产出的比例关系。**投入少、产出多，便是效率高，便是管理好。管理好不好，不是指别的，就是指效率高不高，也只有效率才能评价一家企业管理的好坏。用最少的投入，取得最大的产出，是人类文明进步的标志。无论是勤俭节约的美德，还是科技进步的动力，都是为了更高的效率。要么是更大的产出，要么是更小的投入，没有别的。所以，管理概念是**既复杂，又简单**。一家企业管理得好不好，关键只在于它**是否能够做到"人尽其才，物尽其**

用"。做到了，就是管理得好；没做到，就是管理得不好。这样去看一家企业管理得好或者不好就很简单了。但管理的复杂性就在于**人的潜能是无限的，人的聪明才智和创造力也是无限的**，一个好的管理者，要学会去激发人的潜能，以尽其最大效用。这就使管理变得复杂起来，管理就变成了复杂科学。同样，世间万物的潜能也是无限的，人类对世间万物的认知还非常有限，所以，**物尽其用并非物的表面功能的利用，而在于其潜在能量的释放**。因此，一个好的管理者，既要懂人，又要懂物。懂人，他是伯乐；懂物，他是科学家、发明家、创造者。"是以圣人常善救人，故无弃人；常善救物，故无弃物。是谓袭明。"所以，一位好的**企业家，必定是知人善任、识物善用的圣人**。

衡量一家企业管理效率高低最常用的指标是它的资本投入与产出比。站在企业的角度，资本的投入是指所有经济资源的投入，包括人力的投入、劳动工具和劳动对象的投入、资金的投入……一切有用资源的投入。而一家企业的产出，则主要是指这家企业所创造的销售收入。同样投入100元，在张三的企业产生了100元的销售收入，而在李四的企业则只产生了50元的销售收入，如果它们处在相同的行业，有着类似的经济背景和竞争地位，那么，张三的企业必定比李四的企业管理更优秀。但如果站在企业投资人的角度、股东的角度，或者资本家的角度，对投入与产出效率的衡量就直接演变成了每投入100元的资本能够产生多大的回报，也就是通常意义上所说的**股东权益报酬率或净资产收益率**。但如果只是站在股东的角度来评价一家企业效率的高低，显然是失之偏颇的，不利于管理的改善和提高。所以，我们把这一指标纳入了业绩评价的指标体系，也就是说，站在股东的角度来综合评价一家企业的业绩或股东的投资报酬，用它来衡量业绩显然更加贴切。管理维度对企业效率的评价，则更侧重于普遍意义上的企业管理水平，指标既包括企业总体的资产利用效率，也可以包括固定资产、流动资产的利用效率，供应链的管理效率，以及闲置资金的利用效率（包括理财与股权投资效率）。

除了资产的利用效率之外，企业人力资源的利用效率也是衡量企业管理效率高低的重要指标，包括人均创造的销售收入和人均创造的净利润。另外，费用效率也很重要。比方说，企业创造100元的销售收入要花费的销售费用和管理费用，我们通常称之为"费效比"。这些都是非常重要的投入产出指标，也是衡量公司管理效率高低的重要指标。

企业因行业或商业模式的不同，管理效率的指标也可以灵活多样，并没有一个统一的标准。比方说，有些零售企业会用到"坪效比"，即每平方米的店面能创造多少销售收入；有些电力企业会用到吨煤发电量和碳排放量；有些电商企业会用到"订单履约成本"或"获客成本"。所谓"获客成本"，是指营销推广投入／用户数。用户数又可分为注册用户数、付费用户数。这样就引申出了四种获客成本，即线上渠道注册用户获客成本、线上渠道付费用户获客成本、线下渠道注册用户获客成本和线下渠道付费用户获客成本。由于来自不同渠道、不同类型的客户的获取成本不同，这才导致了企业之间管理效率的差异。

由此可知，**管理效率的评价指标灵活多样，只要符合投入产出原理，都是恰当的管理效率评价指标**。只是囿于财报指标的局限性，很多量化指标并非公开可以获取，所以，很多管理评价指标并未在相关章节中涉及。

财务维度的评价同样是既简单，又复杂。简单地评价一家企业的财务，就是看它的长期与短期偿债能力，以评价它的长短期偿债风险，或称财务风险。但稍微复杂一点的财务评价，便涉及企业的信用管理与议价能力。

一家在产业链中已具备相当规模和声誉的企业,自然会在获取财务资源方面具有更强的优势地位和议价能力,从而占用更多上下游的资金资源。如果更复杂一些,则涉及债务结构的安排与资产结构、企业战略的协同。比方说,企业战略上需要长期使用的资金,在债务的结构安排上就应该有长期的债务与之配套,不然就变成"短贷长投",徒增企业财务风险。当然,如果要再复杂一些,那就开始涉及企业资本结构优化和最优资本成本管理了。这既涉及负债资本成本的计算,也涉及股权资本成本的计算,还涉及金融市场利率变化和资本市场投资回报及风险的影响。事情就变得越来越复杂了。

由于这么复杂的财务评价体系一般企业并不会用到,所以,在大多数案例中,我们很少在这方面占用篇幅。但在这里,我想跟大家分享一个理念,就是财务评价的核心是指**在财务风险可控的前提下把企业的资本成本降到最低**。因此,财务维度的评价一般包括两个方面:一是**对财务风险的判断**,通常会用到资产负债率、流动比率和速动比率等;二是**对资本成本的计算**,这个部分我们比较少讲到,这在更高阶的课程中也许会专题探讨。

其实,财务风险的评价与资本成本的权衡很难有一定之规。同样的资产负债率,由于资产结构和质量不同,面临的风险可能会完全不一样。即使是同一家企业,同样的资产负债率,面对不同的政策环境或市场环境,其风险高低也会很不一样,所以,在任何情况下大家都需要记住,**财务指标的计算及其结果永远只是一个参照,而不是决策的直接依据**。同样的债,或者同样是跟银行等金融机构借钱,由于不同企业的信用形象或等级不同,其获得贷款的成本也会有差异。所以,真正的决策需要综合方方面面可量化以及不可量化的所有因素。任何遗漏或偏颇都有可能给企业带来灾难。所以说，财务维度的分析既简单，又复杂。顾及了降低企业资本的成本，往往就会放大企业的财务风险。反过来，保证了企业的财务安全，又往往会加大企业的资本成本。所以，**理财的艺术永远都是在风险与成本之间寻求某种平衡**。

**业绩维度的评价关键在于企业的盈利及其增长**。但盈利增长的背后是利润的质量。学会分析利润的"量"，只是业绩评价的初级水平。**学会分析利润的"质"才是业绩评价的要害所在**。企业净利润的质量受多种因素的影响，最主要的因素首先是所得税，一家企业盈利有没有质量，先看看它交了多少税就可以明白个大概。通过税后利润和所得税，就可以把业绩指标还原到税前，透过税前利润指标就可以分析利润的来源与构成，即我们通常所说的**正财、偏财与外财**。如果一家企业的利润主要由主营业务创造，那么，我们说这家企业的利润有较高的质量，因为**主营业务利润表达了它未来盈利的持续能力**。而非经常性的投资收益通常被定义为偏财，之所以是偏财，是因为它的非经常性，**它的不可持续性降低了企业未来的盈利能力**。外财通常是指企业正常经营活动之外的零星收入，也就是会计学中的"营业外收支净额"。从理论上来说，这部分利润具有较大的不可预测性。当然，在不同行业、不同企业或不同营商环境和政策环境中，它的可预测性也会随之而变化，但无论如何，它与正财和偏财相比，质量仍然要低一些。因为它的可持续性是这三个不同来源中最不确定和最短的。

影响净利润质量的另外一个重要因素是它的**现金保障程度**。因为净利润是会计根据"权责发生制"原理计量的结果。在信用条件下，很多已实现的利润并未取得真正的现金净流入，因此，经营活动现金净流入对净利润的保障程度，便成为衡量企业净利润质量高低的关键性要素。有现金支持的净利润，才是有质量的净利润。当然，如果一家企业利润的主要来源不是经营所得，而是投资收益或营业外收支净额，那么，这个保障程度自然不会好到哪里去。如果一家企业的经营管理不善，账面的利润都被欠款和存货所占据，那么，它的净利润也不会有好的现金保障。**经营活动现金净流入，反映一家企业的"造血"能力**。企业缺乏这样的能力，也就很难有可持续的盈利。长期依赖外部"输血"或以"卖血"为生的企业，都是不健康的，很难基业长青。但由于有些企业"输血"或"卖血"的手法很隐秘，所以，我们必须非常警惕。

业绩评价的最后，我们来到了股东的投资回报分析。最常用的指标就是股东权益报酬率。但**这个指标会因财务杠杆的调节具有很大的欺骗性**。所以，只学会了看股东权益报酬率的分析师很容易被迷惑。这个指标既不代表企业的盈利能力，也不代表企业的未来成长性，所以，我们把它放在了整个评价体系的最后。但它对股东来说又是如此重要，所以，它仍然不可忽视。只是因为太被重视，所以，它也就经常被别有用心的人所操控。

最后还有一个简单明了的业绩评价指标，就是资本的投入产出比。尤其对于上市公司来说，我们简单用它的融资总额与它的净利润总额做对比，就很容易了解它**是一家"取多予少"的公司，还是一家"取少予多"的公司**。当然，这个对比涉及一个较长的时间周期，所以，并不是在所有的场合都适用。但对于一家成熟的、有一定历史的上市公司来说，用这个指标来判断它是不是一家好公司，就太清楚明了了，根本不需要太多的解释。

四维分析法的要点大概就是以上这些了。它是一把尺子，但并非一把标准的尺子，不能简单量一量就知道谁是好企业。在不同的前提条件下，即使是相同的指标，也会存在不同的含义。比如就存货而言，有的企业货物存放得越久，价值越高，如酱香型白酒。但更多的快消品行业，更多的存货则意味着更大的折价和损失。所以，四维分析法需要有心者善加利用才有功效。"医逢信者但可救，道遇无名枉费心。"如果你有这个缘分，相信财报背后是有故事的，而且可以用专业的方法快速地把这些故事挖掘出来，那么，你自然有机会从这些案例分析中收获惊喜。如果你觉得财报只是骗人的工具，或者分析的结论带有强烈的偏见，那么，你完全没必要花费时间在这些案例上。等将来某一天缘分到了，再来了解这个方法也不迟。

　　由于能力和经验的局限，本书所用方法及其结论难免会存有诸多疏漏和错误，欢迎大家批评指正，以帮助我不断进步。

# 习惯用语说明

1. 货币单位：本书所用货币单位在未特别说明的前提下是指原始报表的百万本位币。如原始报表的本位币为人民币，则为百万元人民币；如原始报表的本位币为美元，则为百万美元。

2. 行文中所使用的货币单位有时会与图表中所使用的货币单位不一致。如图表中所使用的报表数据，通常会以百万本位币为单位，行文中为方便读者理解，有时会简化为亿本位币。因在简化时进行了四舍五入，导致计算结果会出现细微差异，此等差异以图表底层数据校准，即文中的数据只是符合重大性原则，精确表达以底层数据计算结果为准。

3. 行文中的内容描述有时会与图表的内容描述存在差异，如一家公司的业务板块根据原始报表及相应的图表分为四个板块，其中三个板块约占总体的 99%，一个板块约占 1%，那么，在行文中这个占比最小的板块因其不足够重要而被忽视，以避免对其他三个重大板块构成内容表述上的干扰或影响。

4. 10年分析窗口的习惯约定。本书所选案例的会计年度大多超过10年，根据分析目的的需要，有时会选择其整个生命周期，但大多数时候只会截取最近的10个会计年度。几乎所有财务指标的计算都是基于这个10年的财报框架。因此，我们通常意义上说的10年内的复合增长率，其实际增长年份应为9年；3个年度的持续增长通常指的是后面连续2年的增长，第1年会被看成基年，但在行文习惯表述时，会将基年包含在内。

5. 本书所采用的财报数据源自这些样本公司的年度报告，但不排除依据这些公司年报而建立的商业化数据库，如 Wind、Morningstar 和 IT 桔子等。如果分析所用数据采自这些数据库，作者并不负责核对数据库数据与年报数据之间的误差。作者在分析中所使用的数据，大多引自这些商业化的数据库，也有部分数据由作者直接从样本公司的公开年报中采集。如果在分析过程中，作者发现数据库资料与公司公开财报资料之间有明显误差，作者会以公司年报数据为基准。

6. 复合增长率是指一项投资在特定时期内的年度增长率。计算方法为总增长率百分比的 $n$ 方根，$n$ 等于有关时期内的年数，公式为

$$复合增长率 = \left(\frac{现有价值}{基础价值}\right)^{\frac{1}{n}} - 1$$

复合增长率的英文缩写为 CAGR（Compound Annual Growth Rate）。

7. 资产负债率是指负债余额占资产的比重。一般教材的计算方法是用负债余额除以资产平均余额。本书未采用资产平均余额，而是合并资产负债表当期余额。平均资产负债率是指分析期间各期的负债余额合计除以

各期的资产余额合计,用以表达在分析期间内样本公司的平均负债水平。

8. 实际所得税率是名义所得税率的对称。名义所得税率是税法规定的所得税率。企业实际纳税过程中出于政策或口径原因的调整导致实际税率与名义税率存在差异。

$$实际所得税率 = \frac{所得税总额}{税前利润总额} \times 100\%$$

$$实际平均所得税率 = \frac{分析期间所得税总额}{分析期间税前利润总额} \times 100\%$$

9. 净利润现金含量倍数是指经营活动现金净流入与净利润的比值。

$$净利润现金含量倍数 = \frac{经营活动现金净流入}{净利润}$$

$$平均净利润现金含量倍数 = \frac{分析期间经营活动现金净流入合计}{分析期间净利润合计}$$

10. 销售净利率,又称销售净利润率,是净利润占销售收入的百分比。它反映每1元销售收入的净利润水平。

$$平均销售净利润率 = \frac{分析期间净利润总额}{分析期间销售收入总额} \times 100\%$$

11. 股东权益报酬率(Return On Equity,ROE),又称为净资产收益率、股东回报率等,我国香港称之为净值报酬率,我国台湾称之为股权收益率或股本收益率,是衡量相对于股东权益的投资回报指标,通常是指公司合并资产负债表中股东权益合计除合并利润表中的净利润或可向股东分配的净收益。

$$ROE = \frac{净利润}{股东权益合计} \times 100\%$$

$$平均股东权益报酬率 = \frac{分析期间净利润合计}{分析期间股东权益合计} \times 100\%$$

12. 存货周转率，是企业一定时期内的营业成本（销售成本）与平均存货余额的比率。存货周转率是对流动资产周转率的补充说明，是衡量企业供应链管理效率的综合指标。在实际应用中，存货周转率的计算公式通常会以销售成本为分子，存货平均余额为分母。但本书为简化分析，通常以存货的年末余额而非平均余额为分母计算。它是销售成本被当期存货余额所除而得到的比率，或叫存货周转次数。用会计年度360天除以周转次数，则得到存货周转天数。

13. 应收账款周转率是企业一定时期内的销售收入或营业收入与应收账款平均余额的比率。一般教科书采用的计算公式为

$$应收账款周转率 = \frac{销售收入}{应收账款平均余额}$$

本书采用合并资产负债表的应收账款当期余额。

14. 应付账款周转率或应付账款周转天数，是衡量公司需要多长时间付清供应商欠款的指标，属于公司供应链效率的分析范畴。对付款方来说，付款周期越长越有利。应付账款周转率计算公式为

$$应付账款周转率 = \frac{采购额}{平均应付账款余额}$$

由于公司采购额在公开财务报表中并不直接提供，所以，本书很少采用这一指标。但这并不等于这一指标在财务分析中不重要。

15. 固定资产周转率是企业销售收入与固定资产净值的比率。

$$固定资产周转率 = \frac{销售收入}{固定资产净值}$$

它表示在一个会计年度内,固定资产周转的次数,或者每 1 元固定资产支持的销售收入。一般教材会采用固定资产的平均余额来计算,而本书则采用合并资产负债表的固定资产净值余额来计算。

16. 流动资产周转率,也叫流动资产周转次数,表达企业流动资产的周转速度,是企业日常供、产、销各环节管理效率的重要衡量指标。通过该指标的对比,可以促进企业加强日常运营管理,降低存货和应收账款占用水平。计算公式为

$$流动资产周转次数 = \frac{销售收入}{流动资产余额或平均余额}$$

通常情况下,本书一般采用合并资产负债表的流动资产当期余额作为计算依据。

17. 非流动资产占比,是指公司非流动资产余额占资产总额的比重。通常情况下,非流动资产的占比越高,说明公司经营杠杆和经营风险越大,产品成本中固定成本的占比越高。因非流动资产不易变现,所以,在日常商业活动中,人们往往把非流动资产称为"重资产",而把非流动资产占比超过 50% 的公司称为"重资产公司"。计算公式为

$$非流动资产占比 = \frac{非流动资产余额合计}{资产总额} \times 100\%$$

18. 有息负债占比分析,是指对负债资本中需要支付固定利率的债务余额占全部债务余额的比重进行分析。企业典型的有息负债是指向银行或其他金融机构取得的借款,除此之外,还包括向其他融资渠道取得的、需支付融资成本的债务,如应付债券、应付票据、融资租赁等。

19. 非流动负债占比是指借款期限超过一年的债务余额占全部债务余额的比重。在同等负债水平下,企业的非流动负债占比越高,其财务

风险越小。所以，非流动负债占比在某种程度上具有反映财务风险的作用。

20. 商誉及无形资产占比，有时也会根据分析需要单独分离出商誉占比和无形资产占比。该指标主要用以说明公司购并的溢价（泡沫）程度及资产的未来可变现风险。

21. 投入资本报酬率（ROIC）是指企业投入经营的实际资本所产生的报酬率。传统意义上，投入资本与资产余额基本一致，但随着企业股权投资或理财资产的增加，大量的资产并未实际参与企业生产过程而直接产生收益，所以，扣除直接产生收益资产后的余额，通常会被当作实际投入经营的资本。当然，由于生意上的往来也会导致企业占用其他合作伙伴的资本，在实际投入经营的资本中也会扣除这一部分的资本余额。通常的计算公式为

$$ROIC = \frac{息税前收益 \times (1 - 税率)}{投入资本}$$

投入资本 = 股东权益 + 有息负债 + 应付未付股利 + 股东无息借款

有息负债，是指短期借款、长期借款、应付利息等（参见上述第18项）。

22. 权益类投资占比是指合并资产负债表中非流动资产项下权益类资产余额占总资产的比重。流动资产项下的权益类投资通常会被理解为企业利用短期闲置资金的短期获利行为，并不具有谋篇布局上的重大战略意义。由于权益类资产所产生的收入并未合并至本企业，所以，在相关经营业绩指标分析中应剔除这部分资产的占比。

23. 资产周转率是衡量企业资产利用效率的关键性指标，它是指每1元资产能够产生多少销售收入。分析中可根据追根溯源的需要，进一步

具体拆分为流动资产周转率、固定资产周转率以及其他更具体项的周转率指标。

24. 经营性资产周转率是指扣除如上述第22项权益类投资后的资产所驱动的销售收入指标。其计算公式为

$$经营性资产周转率 = \frac{销售收入}{经营性资产余额}$$

它在分析权益类投资占比较高的公司资产利用效率时，将得到更加准确的分析结论。

25. 会计年度，又称财务年度、财政年度或财年，是指会计核算的起讫期间，它可以与日历年度一致，也可以不一致。在我国，会计法规定会计年度的起始时间与日历年度一致。而在美国等西方国家，会计年度的起始时间则由企业自由确定。本书中如果采用"××财年"的表述，则表示该公司会计年度与日历年度不一致。如果采用"××年度"，则表示该公司会计年度与日历年度一致。

26. 销售费用，亦称营销费用，或营销投入，或销售投入，用以表达实际投入公司产品或服务推广和促销等方面的费用，也包括销售机构及人员的相关费用。不同公司因业务类型或其他某些方面的不同，往往会有不同的定义，但总体上大同小异。

27. 研发费用，亦称研发投入，有些公司在二者间区分，有些公司则不区分。在本书分析和对比过程中，通常会基于公司原始披露数据，不加以具体识别和区分，笼统称为研发费用或研发投入。

28. 本书所用"应收账款"术语，用以表达资产负债表的特定相同项目，如果采用"应收款项"的表述，则通常包含资产负债表中所列示的"应收账款""应收票据""预付账款"及"其他应收款"等所有债权类

资产的合计数。

29.现金及现金等价物是国际上普遍流行的表达公司现金或类现金资产的术语，在我国通常称为"货币资金"，是指那些流动性特别高的等同于现金或存款的、可随时变现的资产。但在公司实际运作中，有些现金资产或因合约安排而受到一定限制，如理财产品、结构性存款或其他保证金存款等，在报表表达中通常会称为受限制现金，列示于其他流动资产或其他长期资产中。本书因分析需要，有时会将其合并到现金及现金等价物中一并分析，统称为"现金及现金等价物"。

30.经营活动现金净流入或经营活动现金流量净额是对经营活动过程中所创造的净现金流入，即经营活动现金流入减去经营活动现金流出后的差额的一种称谓。在会计专业上，人们习惯称之为"经营活动现金流量净额"；而在商业实践中，人们更习惯称之为"经营活动现金净流入"。

# PART I

上篇 / 任正非与华为的逆势生长

"一个企业怎样才能长治久安（长久发展），这是古往今来最大的一个问题。我们要研究推动华为前进的主要动力是什么，怎么使这些动力能长期稳定运行，而又不断自我优化。"（任正非：《干部要担负起公司价值观的传承》，2010）[1]

# 导　　读

"企业能否活下去，取决于自己，而不是别人，活不下去，也不是因为别人不让活，而是自己没法活。活下去，不是苟且偷生，不是简单地活下去。活下去并非容易之事，要始终健康地活下去更难。因为它每时每刻都面对外部变化莫测的环境和激烈的市场竞争，面对内部复杂的人际关系。企业必须在不断地改进和提高的过程中才能活下去。"（任正非：《活下去，是企业的硬道理》，2000）[2]

2018年暴发的华为危机，是过去三年全球商界最大的新闻事件。一家制造和经营通信设备与消费终端的中国公司，遭遇了美国政府最严厉的制裁。

2018年12月1日，美国政府以司法互助为由，要求加拿大警方逮捕了在温哥华转机的华为公司副董事长兼首席财务官（CFO）孟晚舟，罪名是欺诈和阴谋实施欺诈以规避美国对伊朗的制裁。中华人民共和国驻加拿大大使馆于 12 月 6 日表示坚决反对并强烈抗议，向美国和加拿大两国提出"严正交涉"，要求它们立即恢复孟晚舟的人身自由。

经过两年多时间的司法和外交努力，2021 年 9 月 24 日（北京时间 9 月 25 日凌晨），美国司法部与孟晚舟达成了延期起诉协议。加拿大法官鉴于美国方面已撤销对孟晚舟的引渡程序，从而失去了继续拘押孟晚舟的理由，因此免除了孟晚舟的所有保释条件，并允许她自由离开加拿大。

孟晚舟于当日乘坐中国政府包机回国。任正非在接受记者采访时表示："回来还是做她的 CFO，当然，这个 CFO 的意志更坚强。"任正非说："正常的历史长河中，磨难都会出英雄。孟晚舟经历的磨难也会对她的意志有很大的提升，这是她的财富。"[3]

2021 年 9 月 25 日《人民日报》发表评论员文章，强调孟晚舟回国是中国人民的重大胜利，重申了中国人民"绝不允许任何外来势力欺负、压迫、奴役我们"，并认为，"没有任何力量能够阻挡中国前进的步伐"！[4] 中央纪委国家监委网站发表题为《那抹中国红是最坚定的信仰》[5] 的评论，着重强调了中国共产党和中华人民共和国政府在孟晚舟事件及其他涉及海外中国公民利益的外交事件中体现出的强大力量。

华为事件之所以引起全球媒体的广泛关注，是因为它并不单纯是一起所谓的"商业违法事件"，其背后隐含的政治、经济与文化冲突十分复杂。也许，它预示着一个时代的结束和另一个全新时代的到来。以华为为代表的全球通信业新的竞争格局正在形成。为方便大家更好地理解财报分析结论的意义，我们先简单梳理一下华为被美国制裁事件的始末。

## 华为事件起因

华为遭遇美国封杀始于 2012 年 10 月。美国众议院下面有一个情报委员会于当年着手调查中兴与华为是否涉嫌"为中国间谍活动提供便利"。虽然这一调查最终并未取得实质性的具体证据，但自此以后，美国政府在主观上已经将这两家中国公司列入了会"危害美国国家安全"的黑名单。[6]

2016 年 3 月，美国商务部因中兴违反美国对伊朗的出口禁令㊀而将其列入"实体清单"，剥夺了中兴在美国的正当贸易机会。一年后，中兴同意支付 8.92 亿美元罚款，与美国商务部达成和解，并换取在"实体清单"中除名，恢复与美国公司的正常商业往来。2018 年 3 月，不幸再次降临中兴头上，美国商务部指控中兴未严惩涉事违禁员工，再度遭受美国商务部的重罚㊁。

以上重罚虽然只是针对中兴，但制裁行动则把华为也列入在内。因为美国在惩罚中兴的同一天（即 2018 年 4 月 16 日），由 4 位跨党派参议员审议的《2019 年度国防授权法案》中所加入的新的修正案，将华为也一并列入了封杀之列。该法案禁止美国所有政府机构购买或租赁中兴、华为及其下属公司之通信设备产品和服务，[7] 同时禁止美国政府利用提供补助及贷款方式来资助中兴、华为及其下属公司。由此可知，美国的制裁目标既包括中兴，也包括华为。

---

㊀ 美国禁止向伊朗出售可军民两用的零件管制规定。2010 年 6 月 10 日，联合国安理会就伊朗核问题通过决议，决定对伊朗展开第四轮制裁。在随后的 6 月 16 日，美国单方面公布对伊朗实施出口禁令，其中包括美国生产的可军民两用的零件。

㊁ 要求中兴再次缴纳 10 亿美元罚款和 4 亿美元保证金，并附加在 30 天内更换董事会和管理层的严苛要求，以及容许美方指定人员加入公司合规团队。

从表面上看,美国制裁中兴与华为是因为伊朗禁运,但实则是对中国通信设备制造业公司迅速崛起的担心。美国联邦调查局局长克里斯托弗·A.雷出具证言时说:"在我们的电信网络中,我非常担心,由外国政府所控制的企业或实体与我们秉持不一致的价值观,从而导致我们的政府权力被外部掌握。"[8] 美国政府出于对美国国家安全的担心,将中兴与华为的贸易事件迅速从企业层面上升到国家层面,从商业层面上升到政治和文化层面。

## 华为"备胎"计划

2019年5月16日,时任美国总统的特朗普宣布国家进入紧急状态,利用总统特权将华为及其70家子公司列入出口管制实体清单,希望瞬间瓦解华为的供应链体系。但令特朗普和整个世界深感意外的是,为应对可能发生的危机,华为在更早的时候就准备了"备胎"计划。[9]

2019年5月17日凌晨,华为海思半导体有限公司㊀总裁何庭波发表了一封全员信,表示"多年前,还是云淡风轻的季节,公司做出了极限生存的假设,预计有一天,所有美国的先进芯片和技术将不可获得,而华为仍将持续为客户服务。为了这个以为永远不会发生的假设,数千海思儿女走上了科技史上最为悲壮的长征,为公司的生存打造'备胎'","今天,是历史的选择,所有我们曾经打造的'备胎',一夜之间全部'转正'"。[10] 这封公开信,虽然宣示了华为的强大和生

---

㊀ 海思半导体有限公司的前身是华为集成电路设计中心,1991年启动集成电路设计及研发业务,为汇聚行业人才、发挥产业集成优势,2004年注册成立实体公司,提供海思芯片的对外销售及服务。

存的意志，但也增加了美国对华为崛起的进一步担忧，引来了更为严厉的制裁。

2019年7月22日，特朗普在白宫会见了美国谷歌、高通、思科、英特尔、美光、西部数据和博通高层，讨论美国政府对华为的禁令一事。[11] 这些与华为有普遍业务往来的高科技公司在禁售令发布之后，实际上一直在游说政府，允许它们恢复对华为的销售活动。因为禁止它们与华为交易，并不符合它们的商业利益，华为一贯的策略是打造"你中有我、我中有你"的健康商业生态，所以，中美两国的公司之间实际上在国际分工中已经是谁也离不开谁。美国政府迫于各种压力，对华为的禁令也因此被一再地延期。⊖

## 美国层层加码的四轮制裁

然而，在美国政府的强力推动下，美国公司先后启动了四轮对华为的制裁。

第一轮，2019年5月，特朗普政府将华为列入实体清单，限制美国企业供货给华为。谷歌公司在特朗普的要求下，首先开始限制安卓系统和相关应用在华为的使用。随后，Facebook⊖也宣布不再允许华为今后发布的新手机预装 Facebook 及旗下应用程序 WhatsApp 和 Instagram。这极大地影响了之后华为手机在海外市场的销售。

---

⊖ 2019年5月21日，华为再次在美国提起诉讼，要求驳回美国政府对华为下达的实体清单禁令。同日，美国商务部决定将对华为的实体清单禁令延迟90天，直到8月中旬才会生效，以便华为及其商业伙伴升级软件以及处理一些合同义务的问题。8月19日，美国再次决定将华为购买美国产品的临时许可延长90天，截止日期约为11月19日。
⊖ 美国东部时间2021年10月28日，Facebook 宣布将公司名改为 Meta。

第二轮，2020年5月，美国升级制裁，凡使用EDA（美国技术）的厂家，比如台积电、中芯国际，不能给华为代工芯片。

第三轮，2020年8月，美国商务部宣布对华为以及被列入实体清单的华为在境外的附属机构采取进一步的限制措施，禁止它们获取在美国境内外开发和生产的美国技术和软件。美国商务部产业安全局还决定把另外38家华为关联实体列入实体清单。受禁令影响，美光、三星、海力士、台积电、联发科、英特尔、高通、索尼、铠侠以及中芯国际在9月15日后开始停止与华为进行业务往来。[12] 该禁令限制了华为采购境外制造商使用美国技术制造的芯片。

2020年11月17日，华为发布声明称，为了产业链自救，让荣耀渠道得以延续，决定出售荣耀业务资产给深圳智信新信息技术有限公司。出售后，华为将不再拥有荣耀任何股份。任正非送别荣耀时鼓励新荣耀拥抱全球化，做华为最强的竞争对手。他在谈及华为出售荣耀的原因时表示："美国某些政客不是为了纠正我们，而是要打死我们。华为短期的困难，我们有能力克服。我们不要因自己受难而拖无辜的人下水，但分布在170个国家的代理商、分销商，因渠道没有水而干枯，会导致几百万人失业；供应商也因为我们不能采购，而货物积压，销售下滑，拖累股市。"[13]

华为在面对美国乃至全球制裁的背景下，整体出售荣耀，虽是无奈之举，但也是明智的选择。整体出售荣耀**既保护了荣耀产业链的完整，又缓解了自己的资金压力**。可以说是当时的条件下唯一正确的选择。

第四轮，2021年4月，美国限制华为的器件供应商只要涉及美国技术的产品，就不允许供应给华为的5G设备，从而导致华为在禁令生效前余下的5G芯片都将无法使用5G功能。[14]

## 任正非：华为不是小偷，我们比较先进

2019年2月18日，当任正非接受BBC亚洲商务记者卡利什玛·瓦斯瓦尼（Karishma Vaswani）采访时被问到："从外界来看，美国想把华为描绘成一个不值得信任的公司，因为华为多次盗窃美国技术，之前思科、北电、摩托罗拉都曾指控华为偷窃想法或技术，美国因此说华为是一个不值得信任的公司，对此您如何回应呢？"

任正非说："其实我们非常多的技术远远领先于西方公司，不仅是5G光交换、光芯片……这些领先的（技术）数量之庞大，是非常非常复杂艰难的技术，同行会比较清楚。因此美国指控的这些东西只是一些边缘性的东西，**华为是不可能靠偷美国的东西变成今天这么强大的**。现在我们很多东西美国都没有，怎么去偷呢？"[15]

2019年5月21日，任正非在接受中国媒体记者采访、回应热点问题时指出："在5G技术方面，别人两三年肯定追不上华为。"[16]

## 美国政府封杀华为，或出于情报误判

特朗普政府封杀华为，很可能是出于情报误判。第一，特朗普没有预料到华为有深谋远虑的"备胎"计划，之前华为向美国公司的各种采购，更多的是为了打造商业共同体，而不是自己不能做；第二，特朗普也没有预料到华为在5G等细分领域早已走在了美国乃至世界的前面。任正非说："在光系统上，我们是远远领先于世界的，不需要美国任何帮助。"[17]

特朗普甚至在2018年4月4日发推文说："我们不是在与中国

进行贸易战，我们多年前已经因为愚蠢或自大的美国代表而输了这场战争。现在我们每年都有 5000 亿美元的贸易赤字，知识产权盗窃损失另外 3000 亿美元。我们不能让这种形势继续了！"[18] 他频繁使用"偷窃"一词，并到处威胁美国盟友不要使用华为设备，还以限制这些不听话的盟友分享美国情报相威胁，毫不掩饰他的轻蔑与不屑一顾。

由特朗普一手导演的闹剧，逐步被华为扭转为一次世界性营销事件。这种转"危"为"机"的能力是罕见的。在这个意义上，任正非堪称当今世界当之无愧的营销大师。

华为事件以这样的方式演绎，大概完全出乎特朗普和很多美国精英人士的意料。特朗普甚至不愿意再提起华为的名字。2019 年 9 月 4 日，当记者让他谈谈华为事件时，他不耐烦地告诉记者："我们将看到中国会发生什么，但华为一直不是我们想要讨论的角色，我们现在不想谈论。"他只是一味地强调"这事关国家安全""华为是我们军队和情报机构的一个重大担忧，我们不会与华为做生意"。[19]

## 惊天逆转，或因任正非悲悯天下

与特朗普的争功邀赏形成鲜明对照的是，2019 年 5 月 21 日，央视记者在采访任正非时问道："当美国压境的时候，很多人觉得您是'民族英雄'。您愿意接受这样的称号吗？"任正非回应道："不接受，我根本就不是什么英雄，我从来都不想当英雄。"[20]

2019 年 1 月 17 日，任正非在接受央视记者董倩专访时说："首先感谢党和国家，对一个公民权利的保护。我们能做的还是要靠法律的力量。"[21]2019 年 8 月 20 日，任正非在接受美联社记者采访时，美联社记者转达了特朗普总统的暗示，如果中国政府同意就贸易协议与美国达成某种程度的共识，可能可以解除对华为的限制。

任正非郑重表示："中国很多老百姓是贫穷的，让贫穷的老百姓让一些利益给美国，来救一个有钱的华为，我良心上过不去……在这点上，我完全没有考虑，我也不会去求中国政府给美国好处，放华为一马。不放一马，我们就是发展慢一点，孟晚舟多待一点时间，多受一点苦难，但是对中国人民、对国家有好处，我心里就舒服一点。"[22]

任正非说："美国今天把我们从北坡往下打，我们顺着雪往下滑一点，再起来爬坡。总有一天，两军会爬到'山顶'相遇，这时我们决不会和美国人'拼刺刀'，我们会去拥抱，我们欢呼，为人类数字化、信息化服务的胜利大会师，为多种标准顺利会师。我们的理想是为人类服务，不是为了赚钱，也不是为了消灭别人，大家共同为人类服务，不更好吗？"[23]

## 本篇内容与结构安排

本篇分析所采用的财报数据，源自华为公司网站自愿披露、经毕马威（KPMG）会计师事务所依据国际会计准则审计的2008～2020年合并报表。这些报表理论上涵盖了所有由该公司控制的子公司的业绩、资产、负债以及现金流量。由于我们的分析是**基于这些数据下结论，并不检验或判断这些财报数据是否公允表达了它的业绩和经营情况**，所以，分析结论或因研究方法不当或因数据不完美而可能失去它的应有之义，敬请各位谨慎使用。

本篇所要讨论的华为公司，全称为"华为投资控股有限公司"。

在没有特别说明的前提下,"华为"或"华为公司",都是指的这一会计主体。但本篇的分析并非只限于华为一家公司,而是要分析与华为关联的一系列可比公司,除华为外,其他可比公司均为公开上市的公众公司,包括但不限于瑞典的爱立信、芬兰的诺基亚、中国的中兴,以及美国的思科、高通和苹果等公司。在某种程度上,这样的对比分析有点类似于电信设备及移动通信领域的全行业分析。之所以说这些公司与华为关联,是因为它们的某些业务在市场上形成了竞争关系。通过对比,可以让大家更深入地了解华为的核心能力,以及它在全球市场上的地位。

本篇内容包括以下9个部分:

- 任正非与华为的创立
- 华为可比公司与行业竞争生态
- 基站、定制与手机三轮驱动
- 双轮驱动:客户需求与技术创新
- 销售增长与毛利权衡
- 大道至简与效率优先
- 财务风险控制与资金成本权衡
- 当前利润与长期利益的协调
- 万般神通皆小术,唯有空空是大道

通过对华为的公开财报以及更多内容的分析,我们发现华为的成功远远超过了一般人的想象。在本篇的最后,我们总结了华为在四个方面的成功:① 共享;② 专注;③ 超越;④ 狼文化。

我衷心期待华为的这些成功经验能够被更多的企业所借鉴。而且我坚信，任正非所建立的华为价值观与管理之道，将影响未来一个世纪甚至更久远的管理理论与实践。相较于稻盛和夫简明、实用的阿米巴经营，任正非的管理思想具有**更严谨的内在逻辑和深刻的哲学意义**。他是我们这个时代的楷模和学习的榜样。

薛云奎

成稿于 2019 年 11 月 30 日

修改于 2021 年 10 月 9 日

## 第1章

# 任正非与华为的创立

"只提爱祖国、爱人民是空洞的,我这个人的思想是灰色的,我爱祖国、爱人民,但我也爱公司、爱自己的家人,我对自己子女的爱,还是胜过对一般员工的爱。"(任正非:《走出混沌》,1998)[24]

任正非,祖籍浙江省浦江县,出生地贵州省镇宁县。所以,有人说他是贵州人,也有人说他是浙江人。任正非自己很少谈及他是哪里人,因为对一个胸怀天下的人来说,具体是哪里人并不重要。

## 1.1 出生于"书香门第"

任正非1944年10月25日出生于贵州省镇宁县的一个知识分子家庭。他父亲是专科学校校长,母亲是小学校长,所以,他也算是出生于"书香门第"。用他自己的话说:"我们家炒菜是有盐的,当地认为,炒菜有盐就是富人了。"[25] 他在《我的父亲母亲》一文中写道:

> 我们兄妹七个,加上父母共九人,全靠父母微薄的工资来生活,毫无其他来源。本来生活就十分困难,儿女一天天在长大,衣服一天天在变短,而且都要读书,开支很大,每个学期每人交2~3元的学费,每次到交费时,妈妈都发愁。与勉强可以用工资来解决基本生活的家庭相比,我家的困难就更大。我经常看到妈妈月底就到处向人借3~5元钱度饥荒,而且常常走了几家都未必借到。直到高中毕业,我没有穿过衬衣。有同学看到很热的天,我穿着厚厚的外衣,说让我向妈妈要一件衬衣,我不敢,因为我知道做不到。我上大学时妈妈一次送我两件衬衣,我真想哭,因为,我有了,弟妹们就会更难了。我家当时是两三个人合用一条被盖,而且破旧的被单下面铺的是稻草。"文革"造反派抄家时,以为一个高级知识分子、专科学校的校长家不知有多富,结果都惊住了。上大学我要拿走一条被子,就更困难了,因为那时还实行布票、棉花票管制,最少的一年,每人只发0.5米布票。没有被单,妈妈捡了毕业学生丢弃的几床破被单缝缝补补,洗干净,这条被单就在重庆陪我度过了五年的大学生活。[26]

据说任正非的父亲之前曾担任过国民党412军工厂的会计,说起来任正非与会计还很有渊源。他在《我的父亲母亲》一文中如是说:

> 爷爷是浙江浦江县的一个做火腿的大师傅,爸爸的兄弟姊妹都没有读过书。由于爷爷的良心发现,也由于爸爸的执着要求,爸爸才读了书。爸爸在北京上大学期间,也是一个热血青年,参加学生运动,

进行抗日演讲，反对侵华的田中奏折，还参加过共青团。由于爷爷、奶奶相继病逝，爸爸差一年没有读完大学，辍学回家。时日正值国共合作开始，全国掀起抗日高潮，父亲在同乡会的介绍下，到广州一个同乡当厂长的国民党军工厂做会计员。

抗战期间，这家工厂先后从广州迁址广西、云南、贵州。后因任正非的父亲宣传、组织抗日活动而被国民党特务追捕，不得已才当了老师，随后结识了任正非的母亲，一个17岁的当地姑娘程远昭。程远昭虽然在落后山区长大，却也读完了初中，加之受任正非父亲的影响，最后成了一名数学老师。

## 1.2 就读于重庆建筑工程学院

任正非高中阶段的学习，也是极其艰苦的。他在《我的父亲母亲》中说：

> 高考临近，妈妈经常早上悄悄塞给我一个小小的玉米饼，要我安心复习功课，我能考上大学，小玉米饼功劳巨大。如果不是这样，也许我也建不了华为这样的公司，社会上多了一名养猪能手，或街边多了一名能工巧匠而已。这个小小的玉米饼是从父母与弟妹的口中抠出来的，我无以报答他们。

高中毕业后，任正非于1963年考入重庆建筑工程学院。[27]"读了建筑工程学院以后，反正我也没有搞过建筑。我觉得当时我们那个山区的孩子在人生的选择上具有很大的盲目性，看一本小说可能就选择了人生，实际上我选择的人生和我人生要走的道路是完全不相合的，所以，我读完了就等于白读了。"[28]

任正非大学还没有毕业，中国便进入了"文化大革命"时期，他的父亲被扣上了"走资派"的帽子，被关在牛棚里，并经常被造反派推到大街上游街示众。为了不影响任正非的学业，他的母亲一直对他隐瞒实情。此时的任正非在大学心无旁骛，成绩优异。他说："'文化大革命'对于国家是一场灾难，但对我们是一次人生的洗礼，使我在政治上成熟起来了，不再是一个单纯的书呆子。"[29]

## 1.3 入伍成为基建工程兵

大学毕业以后，国家暂时没有安排工作。他说："大学毕业以后呢，大家都不去工作，我本人不答应这么混，这么混生命不就没有了嘛。"1968年，任正非终于迎来了分配工作的机会。他选择入伍成为一名基建工程兵。⊖ 在部队期间，他仍然酷爱学习，对毛泽东的著作更是手不释卷、情有独钟。同时，他还特别喜欢德国军事家克劳塞维茨的《战争论》，这些著作或许使他在日后的商场博弈中游刃有余、更具底气。

1974年，辽阳化纤总厂从法国德布尼斯·斯贝西姆公司引进一套化纤成套设备，以解决当时人民的穿衣问题。"当时国家让一些具有大学文化程度的人到施工部队去学习，所以我就是在那个时候走入了这个部队。"这是任正非第一次与西方人接触。他后来表示："我跟

---

⊖ "他所属的部队是成立于1966年的基建工程兵部队，是解放军体系中新成长起来的一个新兵种，在国家基本工程建设和国防施工布局方面地位很高。特别是在周恩来眼中，这个崭新的兵种在新中国出现后最大的优势便着重体现在12个字上：劳武结合，能工能战，以工为主。"（孙立科. 任正非传 [M]. 杭州：浙江人民出版社，2017.）

法国很有缘分，第一个工程就是法国的……当时有 400 或 600 多个法国专家在现场指导工作，他们教了我化工自动控制。"

## 1.4　浮球式标准压力发生器

任正非是一个酷爱学习和思考的人，迫切希望用自己所学来改变国家贫穷落后的面貌。据 1978 年 10 月 18 日的《基建工程兵》报道，任正非在参加辽阳化纤总厂建厂施工过程中，还成功地研制出了我国第一台高精度的浮球式标准压力发生器。这篇报道写道："仪器真精密呀，惊人的精密。浮球圆度误差不大于一根头发丝的百分之一，浮球与筒壁的间隙不大于一根头发丝的五分之一，又不小于十分之一。发出的信号精度不低于万分之二。""这些年，他买过很多政治理论和技术书，翻读过的书，数不清；他演算过的纸、画过的图，好几捆。他学过俄文，又攻英文。从古希腊的阿基米德一直啃到当代流体力学。""他将计算过的稿子交给陈景润的老师沈元求教，老教授极为赞许，连声说'好，好。很精密，有价值'。"

据 1977 年 10 月 14 日的《文汇报》记载，任正非还参加了 1977 年 10 月 8 日至 11 月 5 日全国基建工程兵工作会议，受到大会表彰；获得全军技术成果一等奖；1978 年，出席全国科学大会；1982 年，参加中国共产党第十二次全国代表大会。各种荣誉接踵而至。任正非说："知识并不是雪花，可以径自飘落到你的头上。"⊖ 然而，1983 年因国家大裁军，他复员转业至深圳南海石油后勤服务基地，被安排进入南油集团下面的一家电子公司任副总经理。

---

⊖　戈泰. 任正非 [N]. 基建工程兵，1978-10-18（4）.

## 1.5 任职电子公司

据任正非 2015 年在瑞士达沃斯论坛上回忆,这是一家只有二十几个人的小公司。在那个年代,电视机是紧缺商品,听说有人能买到电视机,他就把钱给人家。后来电视机没有买到,钱也没有要回来。任正非说:"追这些款的过程是很痛苦的,我们上级并不认同我们,觉得我们乱搞,就是不给钱打官司,那我们就自己去追。追的过程中,我没办法,没有任何人帮忙啊,我就把所有的法律书读了一遍。从这些法律书中我悟出了市场经济的两个道理,一个就是客户,一个就是货源……因此我们**要把住货源,要找到货源,要熟悉这个交易的相关法律手续。**"[30] 这或许就是华为商业模式的雏形。

任正非说:"我们军人最大的问题,是不懂什么叫市场经济。第一,我们觉得赚别人的钱是很不好意思的事情,怎么能赚人家的钱呢?第二,就是我们把钱给人家,人家就应该把货给我们,我们先把钱给人家有啥不可以的?"[31] 他在《我的父亲母亲》一文中也回顾了这段经历,他说:"走入地方后,不适应商品经济,也无驾驭它的能力,一开始我在一个电子公司当经理也栽过跟斗(头),被人骗过。后来也是无处可以就业,才被迫创建华为的。"

由于任正非任职的公司被骗 200 万元巨款,他被南油集团除名。任正非说:"当时在国有企业里干得不好,人家也不要我,我还写了保证书,我不要工资,我要把这个公司的账追回来,但人家也不要我,最后只好出来。出来后就认为通信产品嘛,市场这么大,机会这么多,我搞个小的总有机会嘛。碗扁一点有啥关系,照样可以用来吃饭喝水。"[32] 后来任正非才发现,通信产品并不像他想得那么简单。他说:"通信产品指标稍微不合格,就会造成全世界的通信不能动，所以就不能去做这个事情。这对一个小公司来说极其残酷。一个小公司要做高技术标准，这怎么可能呢？但是不做我们付出的就是生命的代价，也就是说我们不可能再后退，一分钱都没有了，也不可能后退。所以，我们走上这条不归路，没有想象的那么浪漫，也没有那么精彩，就是为了生活，被逼上了梁山。"[33]

任正非不仅被公司除名，还身负 200 万元的债务。"屋漏偏逢连夜雨，船迟又遇打头风"，这时前妻又跟他离婚。2019 年 5 月 21 日，他在华为总部接受记者采访时，很坦然地回答了记者关于他婚姻的提问。他说："我的人生有两次婚姻，三个小孩。我的前妻性格很刚烈，在（'文化大革命'）中曾经是重庆 30 万红卫兵的政委，是一个叱咤风云的人。我是连红卫兵都参加不了的逍遥派，大学毕业没有女朋友，别人给我们介绍，她能看上我，我真的不理解，她是天上飞的'白天鹅'，我是地上的'小蛤蟆'，那时除了学习好，（什么都不好，）家庭环境也不好，我父亲还在'牛棚'里，她怎么就看上我了？我们一起走了二十多年，后来就分开了。现在的太太很温柔、很能干，用二十多年时间专心培养小孩，很有成就。我和姚凌办结婚证这些都是前妻帮忙的，小孩上户口也是前妻帮助的。我前妻与我现在的太太关系也很融洽。"[34]

任正非离婚后，一个人带着父母弟弟妹妹在深圳住一间十几平方米的小房子，在阳台上做饭。他在《我的父亲母亲》一文中写道：

他们处处为我担心，生活也十分节省，攒一些钱说是为了将来救我（听妹妹说，母亲去世前两个月，还与妹妹说，她存有几万元，以后留着救哥哥，他总不会永远都好。母亲在被车撞时，她身上只装了几十元钱，又未带任何证件，是作为无名氏被抢救的。中午吃饭时，妹妹、妹夫才发现她未回来，四处寻找，才知道遇车祸。可怜天下父母心，一个母亲的心多纯）。当时广东卖鱼虾的摊贩将死鱼非常便宜地处理掉，父母他们专门买死鱼、死虾吃，说这些比内陆（的鱼虾）还新鲜！晚上出去买菜与西瓜，因为这时便宜一些。我也无暇顾及他们的生活，以致母亲糖尿病严重我还不知道，是邻居告诉我的。华为有了规模发展后，管理转换的压力巨大，我不仅照顾不了父母，而且连自己也照顾不了，我的身体也是那一段时间累垮的。我父母这时才转去昆明我妹妹处定居。我也因此理解了要奋斗就会有牺牲，华为的成功，使我失去了孝敬父母的机会与责任，也销蚀了自己的健康。

## 1.6　白手起家，创建华为

任正非被南油集团开除，在政府鼓励大规模返城知识青年创业的大背景下，开始走上自主创业的道路。据任正非回忆，1987年，政府出台了一个18号文件鼓励创办民营高科技企业。文件要求民营高科技企业有5个股东和2.1万元注册资本。任正非说："去哪儿找那5个股东，去哪儿找到2.1万块钱？大多数也是极其艰难的。那就是拉到一块凑啊，凑啊，凑出来。"[35] 想当初，如果不是因为他失业，或许就没有今天的华为，也就更没有我们后面所要讲述的故事。只不过，历史只有必然，没有如果。

薛云奎

成稿于 2019 年 10 月 7 日

# 第 2 章

# 华为可比公司与行业竞争生态

"我们要做一个国际市场秩序的维护者,而不是一个破坏者。我们要遵循这些规律,而不是颠覆这些规律。我们要积极地向强者学习,尊重他们的市场领导地位,积极且有序地开展竞争,以激活双方的组织体系,实现共赢。"(任正非:《人生是美好的,但过程确实是痛苦的》,2008)[36]

华为创立于 1987 年,是全球领先的 ICT 基础设施和智能终端提供商,它致力于把数字世界带给每个人、每个家庭、每个组织,构建万物互联的智能世界。任正非说:"**我们是商业集团,只求商业集团的社会责任和利益,不要又是商人又要千古流芳,这才是一个公司的灾难。**"[37]

目前华为约有 19.7 万名员工,业务遍及 170 多个国家和地区,服务全球 30 多亿人口。不可避免地，它与全球著名的 ICT 公司均形成合作与竞争关系。这些公司包括但不限于美国的思科、苹果、高通，瑞典的爱立信，芬兰的诺基亚和中国的中兴。

任正非说："历史和现实都告诉我们，**全球市场竞争实质上就是和平时期的战争**，在激烈竞争中任何企业都不可能常胜，行业变迁也常常是翻云覆雨，多少世界级公司为了活下去不得不忍痛裁员，有些已中途消失在历史风雨中。前路茫茫充满变数，非常不确定，公司没法保证自己能长期生存下去，因此不可能承诺保证员工一辈子，也不可能容忍懒人，因为这样就是对奋斗者、贡献者的不公平，这样**对奋斗者和贡献者就不是激励而是抑制**。"[38]

## 2.1　诞生于斯坦福大学的思科

正当任正非人生陷入低谷、穷困潦倒、走投无路的时候，远在大洋彼岸的美国斯坦福大学，有一对教师夫妇——计算机系计算机中心主任列昂纳德·波萨克（Leonard Bosack）和商学院计算机中心主任桑德·勒纳（Sandy Lerner）设计了一款叫作"多协议路由器"的联网设备，将校园内不兼容的计算机局域网集成在一起，形成一个统一的网络。[39] 他们在 1984 年成立了思科。1986 年 3 月，思科向犹他州州立大学提供了世界上第一台路由产品——先进网关服务器。思科于 1990 年在纳斯达克上市。2000 年 3 月，其市值曾一度超越微软和英特尔，成为全球第一的高科技公司。

目前的思科在互联网解决方案细分领域是全球最大的硬件和软件供应商。其软硬件产品所搭建的平台涵盖交换、路由、数据中心和无线应用等多个领域。其应用程序组合包含协作、分析和物联网产品。

安全部分包含思科防火墙和软件定义,而服务部分指的则是思科技术支持和高级服务定制。

## 2.2 乔布斯 21 岁在车库创立苹果

苹果本来与华为无关,但因为华为的业务从通信网络搭建延伸到移动终端,于是它们成为竞争对手。苹果手机与华为手机,在当前被认为是全球最领先的智能手机。苹果 1980 年在纳斯达克上市,但在计算机领域一直被 IBM、HP 和 Dell 碾压。史蒂夫·乔布斯作为公司创始人之一,在 20 世纪 80 年代中期也因内部不和而卖掉了公司绝大部分股份,于 1985 年 9 月 17 日从苹果愤然辞职。为了让乔布斯回归苹果,11 年后的 1996 年,苹果董事会决议买下乔布斯辞职后新创立的 NeXT 公司,以挽救濒于垂死边缘的苹果。天才乔布斯不负众望,带领苹果很快摆脱颓势,开创了 iPod、iPhone、iPad 的辉煌时代,直至他 2011 年 10 月 5 日病逝。在他任内的 2010 年 5 月,苹果市值首超微软,成为全球市值最高的 IT 企业。在此过程中,苹果在全球 IT 行业的影响力也超过微软,并成为全球 IT 行业的领导者。

天才乔布斯既是苹果的传奇,也是一个时代的传奇。他出生在一个非婚家庭,其生父 Abdulfattah Jandali 是一名出生于叙利亚的移民,信奉伊斯兰教。母亲 Joanne Carole Schieble 出生于威斯康星州的一个农场家庭,信奉天主教。由于宗教原因,女孩的父亲反对这场婚事,使得乔布斯的母亲在前往加州旧金山途中未婚生下了乔布斯。由于缺乏经济基础和抚养条件,乔布斯的母亲将刚出生的乔布斯交给他后来的养父 Paul Jobs 及养母 Clara Hagopian 抚养。

天才乔布斯 21 岁（1976 年）时在自家车库与 26 岁的沃兹尼亚克创立苹果。他追求完善的个性和富有天才的创意，开创了人类移动互联网时代。2019 年 5 月 20 日任正非接受德国电视台一部纪录片采访，采访中记者提及任正非被外界视为中国的乔布斯。对此，任正非回应称："我不是乔布斯，因为乔布斯对人类贡献非常大，他创造了移动互联网，而且他在哲学上追求完美。"[40]

同时，任正非表示："**我在哲学上信奉灰度，信奉妥协**，'白'与'黑'之间有一个妥协是灰度。**乔布斯是追求极致的**，我们两个性格上很多不一样。我没有他那么伟大，所以不能叫乔布斯，这不是谦虚，是真心不认为自己伟大。"[41]

## 2.3 瑞典"百年老店"爱立信

爱立信是一家拥有百年基业的通信技术公司，在无线通信领域拥有强大的实力。爱立信诞生于 1878 年，最初只是斯德哥尔摩中部的一家电报机器维修店。店主拉斯·马格努斯·爱立信，受当地进口商委托调校贝尔公司生产的电话，由此受到启发，从西门子买来一些电话，研究其构造，并于 1878 年底成功地制造出了自己的电话，从而开启了爱立信的通信业务。迄今，爱立信已拥有超过 100 年的发展历史。

到了 20 世纪 90 年代，爱立信着重于无线网络和移动电信系统及设备的开发与生产，积极参与制定并推动 3G 和 4G 标准。2000 年，爱立信成为全球最大的 3G 移动电信系统供应商；2009 年和美国移动电信营运商威讯电信（Verizon Communications）携手实现了 4G 网络上的首次数据呼叫，并于同年在瑞典斯德哥尔摩启用全球首个 LTE4G 网；2010 年，成功演示了 84Mbps 传输速率的 HSPA 技术，创造了新的世界纪录。目前其总部所在地希斯塔也因此被称为"无线谷"（Wireless Valley）。爱立信业务覆盖全球 180 多个国家和地区，包括美国、英国、德国、爱尔兰、芬兰、意大利、匈牙利、加拿大、巴西、印度以及中国。2020 年爱立信在全球范围内有近 10 万名员工。

## 2.4 美国无线通信大企业威讯电信[一]

威讯电信严格说来只是华为的合作伙伴而非竞争对手。它是美国目前排名第二的无线通信服务供应商，总部位于纽约曼哈顿中城。其前身为大西洋贝尔（Bell Atlantic）公司。大西洋贝尔是 1984 年从贝尔系统（Bell System）分拆出来的七家小公司之一，[二]1997 年与另一家"小贝尔"纽约纽英伦电话公司（NYNEX）合并，2000 年收购通用电话电子（GTE，美国当时最大的本地电话交换公司），并改名为"威讯"。

威讯电信在美国电信市场具有巨大的影响力，擅长资本运作。2015 年 5 月 12 日，它以 44 亿美元收购美国在线（AOL）。2017 年 6 月 13 日，又以 48.3 亿美元收购雅虎（Yahoo）的核心互联网业务，并以此成立威讯媒体集团（Verizon Media Group）。2019 年

---

[一] 威讯电信在诸多领域与华为存在合作与竞争关系，但由于其财报可比性弱于其他企业，故在后文中并未系统比较。

[二] 1984 年，美国司法部授权 AT&T 公司拆分贝尔系统为七家公司，每家公司为地区贝尔运营公司（RBOC），通常称为"小贝尔"。"小贝尔"之一，Bell Atlantic，于 1984 年成立，由独立的运营公司 New Jersey Bell、Bell of Pennsylvania、Diamond State Telephone 和 C&P Telephone 组成，交易区域从新泽西州到弗吉尼亚州。这家公司后来成了威讯电信。

6月17日下午，任正非在深圳与《福布斯》著名撰稿人乔治·吉尔德（George Glider）和美国《连线》杂志专栏作家尼古拉斯·尼葛洛庞帝（Nicholas Negroponte）在进行100分钟的交流和谈话时，提到此前华为要求美国威讯电信支付10亿美元专利许可费一事。他表示，华为的知识产权不会武器化，但是交互许可是必要的，世界上很多公司每年给华为付很多专利费，因为有保密协议，不能公开，也有很多企业华为没有去要钱，是因为太忙了，闲下来的时间会去要一些，但是不一定有美国高通那么多。

## 2.5　无线专利大赢家高通

高通是一家位于美国加州圣迭戈的无线电通信技术研发公司，其前身是一家合约研发中心——Linkabit，主要为美国政府和国防项目服务。这个中心有很多尖端技术，后来成为圣迭戈100多家其他技术公司的孵化器。1985年7月，加州大学圣迭戈分校教授厄文·雅各布（Dr. Irwin Jacobs），联合当时Linkabit的7位创始人共同创建了高通。

高通1991年上市，其收入主要来源于芯片制造，利润则主要来源于专利授权。公司在CDMA和OFDMA方面所拥有的核心专利，构成了当今3G和4G网络骨架的无线通信技术标准，在5G领域也处于全球领先地位。所以，目前世界上几乎所有无线设备制造商都很难避开高通的专利授权。为此，高通公司专门设立了一家子公司——高通技术授权公司（Qualcomm Technology Licensing，QTL），负责收取专利授权费。另外一家高通CDMA技术公司（Qualcomm CDMA Technologies，QCT）则负责销售所有高通产品和服务；高通技术有限公司（Qualcomm Technologies, Inc., QTI）则主要负责掌管高通所有的研发活动。

## 2.6　芬兰巨无霸诺基亚

诺基亚是一家总部位于芬兰埃斯波，主要从事移动通信设备生产和相关服务的跨国公司。它成立于1865年，最早以伐木、造纸为主业，后来亦从事生产胶鞋、轮胎、电缆和手机等。在20世纪90年代，诺基亚一举击败摩托罗拉而成为全球手机龙头企业。自1997年起，诺基亚14年蝉联全球手机销售冠军，并创造了2500亿美元市值的辉煌。

从2007年起，诺基亚受到苹果推出的iPhone和以三星为代表的安卓阵营的夹击，其全球手机销量在2011年第二季度被苹果及三星双双超越。后因产品更新换代缓慢，市场份额严重缩水，不得已于2013年9月3日以54.4亿欧元（72亿美元）将手机制造、设备和服务业务卖给微软，只保留了网络与服务业务、诺基亚通信、Here地图，以及诺基亚品牌和专利。2015年8月3日，它又以28亿欧元（31亿美元）的价格将地图业务卖给了三家汽车制造商——奥迪、宝马和戴姆勒，同时以换股方式斥资166亿美元收购阿尔卡特-朗讯（Alcatel-Lucent），开始专注于通信基础业务和5G技术的研发。截至2018年，它是全球第三大网络设备制造商。

2020年，诺基亚在全球100多个国家雇用约9.2万名员工，其业务覆盖130多个国家和地区，年销售额在200亿欧元左右，公司在赫尔辛基证券交易所和纽约证券交易所同时上市。诺基亚也被看成芬兰的骄傲，截至目前，它仍然是芬兰最大的跨国企业。

## 2.7 中国友商中兴

与华为最具可比性的公司或许是中国的中兴（000063.SZ 和 0763.HK）。中兴成立于 1993 年，虽然成立时间稍晚，但它是由原航天部所属深圳航天广宇工业（集团）公司和 691 厂、深圳市中兴维先通设备有限公司共同合资而成的，所以，也是一家有历史的公司。1997 年 11 月中兴在深圳证券交易所上市，2004 年 12 月在香港联交所上市。目前的控股股东为深圳市中兴新通信设备有限公司（混合所有制），持股 27.4%。

华为与中兴，二者同处于中国改革开放的最前沿城市——深圳，同属于综合性通信设备制造业，同时涵盖三大业务板块：运营商网络、政企业务和消费者业务。

以上公司只是华为竞争对手中的冰山一角，远不是全部，我们也无法列清全部。思科在其网站上对目前行业的竞争环境做了一个较为全面的描述："当我们在全球持续扩张的同时，我们看到来自不同区域的新的竞争。具体来说，我们已经经历了来自亚洲，尤其是来自中国以价格为核心的竞争。我们预计这种状况还会持续。"[42]

尽管华为在对待海外市场的态度上非常谦卑和小心，但最终仍然未能避开以美国为代表的西方国家的制裁。早在 2007 年，华为就确立了谨慎的海外扩张策略。"在海外市场拓展上，我们强调不打价格战，要与友商共存双赢，不扰乱市场，以免西方公司群起而攻之。我们要通过自己的努力，通过提供高质量的产品和优质的服务来获取客户认可，不能由于我们的一点点销售来损害整个行业的利润，我们绝不能做市场规则的破坏者。通信行业是一个投资类市场，仅靠短期的机会主义行为是不可能被客户接纳的。"[43]

任正非也非常理解以特朗普为代表的美国政府的心态："从来都是学生超过老师，这很正常。老师不高兴，打一棒也是可以理解的。世界流体力学和空气动力学是伯努利父子发明的，父亲嫉妒儿子在空气动力学上超过他，残酷地迫害他的儿子，儿子也是他的学生……美国是我们的老师，看到学生超过它不舒服，打我们一下，也是存在的，我们也不计较。以后写论文的时候加一个名字，把它放在前面，我们放在后面，不就行了吗？"[44]

当央视记者董倩问他："您希望民众现在用一种什么样的心态面对华为公司？"任正非回应说："希望没心态，平平静静、老老实实'种地'去，该干什么干什么，多为国家产一个土豆就是贡献。"[45]

华为作为中国的一家民营高科技公司，在当前纷繁复杂的中美贸易战格局中，为何如此有底气独自挑战美国？它究竟是虚张声势还是真具实力，或许我们可以从财报分析中找到答案。

薛云奎

成稿于 2019 年 10 月 14 日

# 第 3 章

# 基站、定制与手机三轮驱动

"要想赢,要么在剑法上高于人,要么在盾牌上坚于人。如果剑不如人,就要避免比剑,不要与人华山论剑。我们能否做到盾比你坚,矛比你长,刀比你快,锤比你重。避其之长,击其之短。**生生之谓易**,易是指变化,强弱之间、胜败之间、优劣之间是随时随地随机变化的。我们要有坚定不移的战略方向,也要有灵活机动的战略战术。**要敢于胜利,也要善于多变**,我们一定会胜利的。"(华为:EMT 纪要[2006]01 号)[46]

2018 年 4 月 23 日,我在自己的公众号上发表了题为《穿透财报看华为》的文章,随后,这篇文章被收录于"穿透财报系列"之《克服偏见,还原财报背后的真相》中。[47] 本章所要分析的华为与前述文章的内容有所不同。一是多了 2018、2019 和 2020 三个年度的财报；二是以下部分的华为财报分析结论会与它的竞争者放在一起来对照，相信这样的分析结论更有助于全面理解华为及其在世界格局中的地位。

任正非说："持续有效的增长，当期看财务指标，中期看财务指标背后的能力提升，长期看格局以及商业生态环境的健康、产业的可持续发展等。管理要权衡的基本问题是现在和未来、短期和长期。如果眼前的利益是以损害企业的长期利益，甚至危及企业的生存为代价而获得的，那就不能认为管理决策做出了正确的权衡和取舍，这种管理决策就是不负责任的。"[48]

如图3-1所示，华为2020年全球销售收入8914亿元，与2019年度的8588亿元相比，仅增长了3.79%。与2008年的1252亿元相比，增长6.12倍，复合增长率为17.77%。过去10年（2011～2020年）的复合增长率为17.81%。

图3-1 华为成长性分析

正如任正非所说:"华为必须保持合理的成长速度。首先,没有合理的成长速度就没有足够的利润来支撑企业的发展……其次,没有合理的成长速度,就没有足够的能力给员工提供更多的发展机会,从而吸引更多企业所需的优秀人才。**人才的发展是马太效应**……最后,没有合理的成长速度,就会落后于竞争对手,最终将导致企业的死亡。"[49] 如图 3-2 所示,华为在过去 10 年维持了全球同行最快的成长速度,复合增长率高达 17.81%,远高于苹果的 10.89% 和高通的 5.16%。

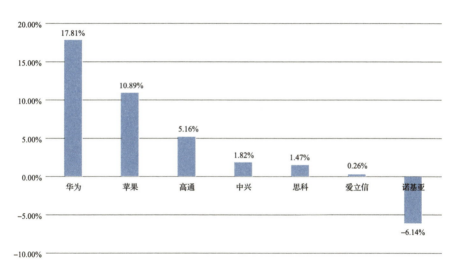

图 3-2　全球通信业主要企业过去 10 年(2011～2020 年)
　　　　收入复合增长率分析

当然,如果从 2020 年的销售体量上来看,华为仅排在苹果之后。苹果销售收入 2745 亿美元位居榜首,思科 493 亿美元,不及华为收入的一半,排名第三。高通 235 亿美元,诺基亚约 219 亿欧元,爱立信 2324 亿瑞典克朗(见表 3-1)。除苹果外,其他公司在销售体量上都不如华为。

表 3-1 销售及增长对比分析表

| | 项目 | 2011 | 2012 | 2013 | 2014 | 2015 | 2016 | 2017 | 2018 | 2019 | 2020 |
|---|---|---|---|---|---|---|---|---|---|---|---|
| 苹果 | 销售收入 | 108 249 | 156 508 | 170 910 | 182 795 | 233 715 | 215 639 | 229 234 | 265 595 | 260 174 | 274 515 |
| | 复合增长率 | | 44.58% | 25.65% | 19.08% | 21.22% | 14.78% | 13.32% | 13.68% | 11.58% | 10.89% |
| 高通 | 销售收入 | 14 957 | 19 121 | 24 866 | 26 487 | 25 281 | 23 554 | 22 291 | 22 732 | 24 273 | 23 531 |
| | 复合增长率 | | 27.84% | 28.94% | 20.98% | 14.02% | 9.51% | 6.88% | 6.16% | 6.24% | 5.16% |
| 威讯电信 | 销售收入 | 111 428 | 115 846 | 120 550 | 127 079 | 131 620 | 125 980 | 126 034 | 130 863 | 131 868 | 129 292 |
| | 复合增长率 | | 3.96% | 4.01% | 4.48% | 4.25% | 2.49% | 2.07% | 2.32% | 2.13% | 1.67% |
| 思科 | 销售收入 | 43 218 | 46 061 | 48 607 | 47 142 | 49 161 | 49 247 | 48 005 | 49 330 | 51 904 | 49 301 |
| | 复合增长率 | | 6.58% | 6.05% | 2.94% | 3.27% | 2.65% | 1.77% | 1.91% | 2.32% | 1.47% |
| 爱立信 | 销售收入 | 226 921 | 227 779 | 227 376 | 227 983 | 246 920 | 220 316 | 205 378 | 210 838 | 227 216 | 232 390 |
| | 复合增长率 | | 0.38% | 0.10% | 0.16% | 2.13% | -0.59% | -1.65% | -1.04% | 0.02% | 0.26% |
| 诺基亚 | 销售收入 | 38 659 | 30 176 | 12 709 | 12 732 | 12 499 | 23 614 | 23 147 | 22 563 | 23 315 | 21 852 |
| | 复合增长率 | | -21.94% | -42.66% | -30.94% | -24.59% | -9.39% | -8.19% | -7.40% | -6.13% | -6.14% |

注：上表中金额单位除爱立信为百万瑞典克朗、诺基亚为百万欧元外，其余均为百万美元。

华为在 10 年前还只是一个"小弟弟"，但由于过去 10 年保持了稳定增长，与此同时，爱立信、思科、诺基亚在过去 10 年则增长缓慢，所以，渐渐被华为甩在了后面。苹果在过去 10 年保持了较快增长，复合增长率 10.89%；高通公司则因为持续购并和专利优势保持了较快增长，过去 10 年的复合增长率为 5.16%。

从华为销售收入构成（见图 3-3）来看，2020 年度华为销售收入仍然主要来自三大业务板块，我们称之为"三轮驱动"：手机（消费者业务）、基站（运营商业务）与定制（企业业务）。其中：

（1）消费者业务，包括终端设备、配件和服务收入 4829 亿元，同比增长 3.3%，占销售收入总额的 54.2%；

（2）运营商业务，包括网络硬件、软件以及多种服务收入 3026 亿元，同比增长 0.2%，占销售收入总额的 34.0%；

（3）企业业务，主要是指提供定制端到端解决方案所取得的销售收入。截至 2020 年，全球已有 700 多个城市、253 家世界 500 强企业选择华为作为数字化转型的伙伴，华为企业市场合作伙伴超过 30 000 家。较美国制裁前的 2018 年有较大幅度增长，2020 年，销售收入 1003 亿元，较 2019 年增长了 23%，从占销售收入总额的 10% 提升到 11.3%。

如图 3-4 所示，从各业务板块的增长来看，消费者业务在 2018 年首次超过运营商业务，逼近公司总销售的一半。2019 年仍然保持了快速的增长势头，增速达到 33.95%；2020 年锐减至 3.34%，但仍然保持了正增长。华为最终未能扛得住美国制裁的压力，于 2020 年 11 月，以 400 亿美元的价格将子公司荣耀转让给深圳智信新信息技术有限公司。

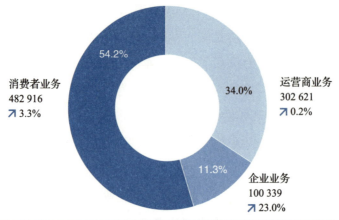

| 销售收入来源 | 2020年（百万元） | 2019年（百万元） | 同比变动（%） |
|---|---|---|---|
| 运营商业务 | 302 621 | 301 965 | 0.2 |
| 企业业务 | 100 339 | 81 554 | 23.0 |
| 消费者业务 | 482 916 | 467 304 | 3.3 |
| 其他业务 | 5 492 | 8 010 | −31.4 |
| 合计 | 891 368 | 858 833 | 3.8 |

图 3-3　华为销售收入构成

资料来源：华为 2020 年年度报告。

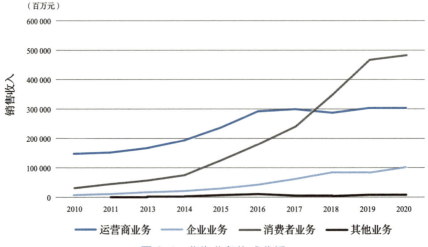

图 3-4　华为业务构成分析

华为面对美国制裁下无"芯"可用的绝境，出售荣耀求存，或许是当时的最佳策略。因为出售荣耀，无论是对华为还是对整个荣耀产业链来说，都可以达到双赢的结果。一方面华为自身无"芯"可用，无暇顾及荣耀；另一方面，荣耀真的要发展壮大，也必须脱离华为。脱离华为后的荣耀不仅可以得到"芯"，甚至还可以用上谷歌服务及全球供应链的其他产品和服务。所以，出售荣耀既是救荣耀，也是救华为自己。

## 3.1　苹果：iPhone，Mac 和 iPad

苹果 2020 财年[⊖]实现销售收入 2745 亿美元，较 2019 年 2602 亿美元增长了 5.51%。过去 10 年的平均复合增长率为 10.89%，不如华为的增长快，只是 2020 年的销售增长率略高于华为。从收入增长层面来说，华为在过去 10 年显然要比苹果经营得更加成功。

苹果经营落败的主要原因是其手机业务在过去三年均呈现出较大幅度的负增长。如表 3-2 所示，过去三年其手机业务的销售收入分别为 1649 亿美元、1424 亿美元和 1378 亿美元，占销售总收入比重从 2018 年的 62% 降至 2020 年的 50%。其电脑业务和平板业务一直保持了不错的增幅，占销售总收入的比重逐年提升。由此可知，失去了天才乔布斯的苹果，其主打产品手机业务已经丧失了原有的创新驱动力。苹果更详细的销售收入构成如图 3-5 所示。

---

⊖ 财年，即会计年度，根据我国会计法规，会计年度与日历年度完全一致。但根据美国相关法律，会计年度可以脱离日历年度由公司自己定义。苹果定义自己的会计年度截止日为每一个公历年度 9 月份的最后一个星期六。

表 3-2　苹果过去三年销售收入构成分析

金额单位：百万美元

| 产品 | 项目 | 2018 | 2019 | 2020 |
|---|---|---|---|---|
| iPhone | 销售收入 | 164 888 | 142 381 | 137 781 |
|  | 占销售总收入比重 | 62% | 55% | 50% |
|  | 增长率 |  | −14% | −3% |
| Mac | 销售收入 | 25 198 | 25 740 | 28 622 |
|  | 占销售总收入比重 | 9% | 10% | 10% |
|  | 增长率 |  | 2% | 11% |
| iPad | 销售收入 | 18 380 | 21 280 | 23 724 |
|  | 占销售总收入比重 | 7% | 8% | 9% |
|  | 增长率 |  | 16% | 11% |

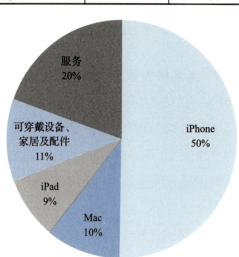

图 3-5　苹果 2020 年销售收入构成分析

相比之下，华为的消费者业务收入增长更快，虽然体量上尚不能与苹果相提并论，但如果不被美国政府遏制，超越苹果，或许是短期内便可预见的结果。现如今，华为遭受美国打压，其超越的时间自然也就被延长。

就全球化程度与区域市场影响力而言，被美国遏制前的华为，2018 年源自中国的销售收入为 3722 亿元，占销售总收入的一半略多一点（51.60%）；源自欧洲、中东、非洲（EMEA）地区的销售收入为 2045 亿元，占 28.36%；源自亚太其他地区的收入为 819 亿元，占 11.36%；源自美洲地区的收入仅为 479 亿元，占 6.64%。但过去三年，由于华为国际市场受美国的严重打压，整体上呈现出负增长的状态。

欧洲、中东、非洲市场的收入从 2018 年的 2045 亿元下降为 2020 年的 1808 亿元，下降幅度为 11.58%。这一下降主要发生在 2020 年，2019 年基本维持了稳定（见图 3-6）。亚太其他市场从 819 亿元

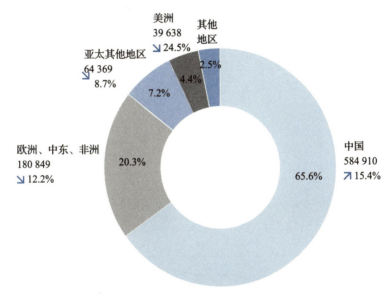

| 销售区域 | 2020年（百万元） | 2019年（百万元） | 同比变动（%） |
| --- | --- | --- | --- |
| 中国 | 584 910 | 506 733 | 15.4 |
| 欧洲、中东、非洲 | 180 849 | 206 007 | −12.2 |
| 亚太其他地区 | 64 369 | 70 533 | −8.7 |
| 美洲 | 39 638 | 52 478 | −24.5 |
| 其他地区 | 21 602 | 23 082 | −6.4 |
| 总计 | 891 368 | 858 833 | 3.8 |

图 3-6　华为销售区域构成

资料来源：华为 2020 年年度报告。

下降为 644 亿元，下降 21.42%。这可能是因为"五眼联盟"的澳大利亚和新西兰市场抵制所引起。美洲市场从 479 亿元下降为 396 亿元，下降 17.22%。之所以美洲市场下降幅度较低，可能主要原因在于原本美洲市场的份额就比较小。所以，未对华为收入造成重大冲击。

如图 3-7 所示，中国市场的收入从 2018 年的 3722 亿元增长至 2020 年的 5849 亿元，增长了 57.17%，从而导致中国市场的销售收入占销售总收入的比重从 51.6% 增长至 65.6%。这表明华为仍然是一家以中国本土市场为主的全球化公司，同时，**中国市场的高增长也是华为摆脱危机的中坚力量**。当世界都在抛弃华为的时候，是中国市场在坚定地支持着华为。

图 3-7 华为区域市场变化分析

相比之下，苹果的销售收入则更加全球化，而且对中国市场也有较大程度的依赖。如图 3-8 所示，2020 年，苹果源自美洲市场的收入仅为 1246 亿美元，占总收入的 45%；源自除日本和大中华区以外的亚太其他区域收入196亿美元,占7%;源自欧洲市场的收入686亿美元,占25%。单独日本市场贡献214亿美元,占8%。由此可以看出,苹果的销售收入分布更加均衡,全球化程度更高。

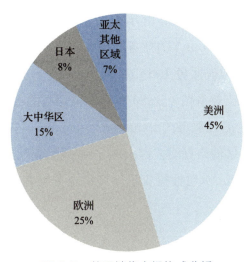

图3-8 苹果销售市场构成分析

不过,与2018年的数据相比,苹果已损失了大部分的除日本和大中华区以外的亚太其他区域市场,从2018年的694亿美元下降至196亿美元。美洲与欧洲市场略有增长,从而维持了销售收入的稳定。如果中国消费者在中美贸易战中抛弃苹果而投奔华为,那么,美国制裁华为的影响可能还不如亚太其他区域市场萎缩对苹果收入的影响。

## 3.2 爱立信:网络、数码服务与管理服务

就销售构成而言,或许爱立信的业务模式与华为最为接近。

2020年爱立信销售收入2324亿瑞典克朗，约合1715亿元人民币（汇率为0.7378）。较2019年2273亿瑞典克朗增长了2.28%。综观过去10年，爱立信的复合增长率接近0，2011年度的销售收入为2269亿瑞典克朗。所以，它在过去10年几乎没有增长。

如表3-3所示，在2020财年的销售构成中，源自网络解决方案（networks solutions）的业务收入为1660亿瑞典克朗，占总收入的71%；源自数码服务（digital services）包括数码商务支持系统（BSS）、运营支持系统（OSS）和云相关服务的收入为373亿瑞典克朗，占16%；管理服务（managed services）包括企业定制化业务的收入为226亿瑞典克朗，占10%；新兴业务及其他（emerging business and other）包括投资于新经济企业及其他的收入为65亿瑞典克朗，占3%。

表3-3 爱立信销售收入构成分析

金额单位：10亿瑞典克朗

| 业务 | 项目 | 2017 | 2018 | 2019 | 2020 |
|---|---|---|---|---|---|
| 网络解决方案 | 销售收入 | 128.00 | 138.60 | 155.00 | 166.00 |
|  | 占总收入比重 | 64% | 66% | 68% | 71% |
| 数码服务 | 销售收入 | 41.00 | 38.10 | 39.90 | 37.30 |
|  | 占总收入比重 | 20% | 18% | 18% | 16% |
| 管理服务 | 销售收入 | 24.50 | 25.80 | 25.60 | 22.60 |
|  | 占总收入比重 | 12% | 12% | 11% | 10% |
| 新兴业务及其他 | 销售收入 | 7.90 | 8.40 | 6.80 | 6.50 |
|  | 占总收入比重 | 4% | 4% | 3% | 3% |
| 总收入 |  | 201.40 | 210.90 | 227.30 | 232.40 |

就区域市场来看，如图3-9所示，爱立信的主要市场分布在北美、欧洲和拉丁美洲。2020年有738亿瑞典克朗收入源自北美市场，占总收入的32%，较2018年的28%有较大幅度增长；有558

亿瑞典克朗收入源自欧洲和拉丁美洲，占24%，较2018年的29%有较大幅度的下降；中东和非洲地区收入为233亿瑞典克朗，占10%，与2018年基本持平；东南亚、大洋洲和印度收入为301亿瑞典克朗，占13%；东北亚收入为333亿瑞典克朗，占14%，较2018年的11%有较大幅度提升；其他地区收入为162亿瑞典克朗，占7%，基本与2018年持平。

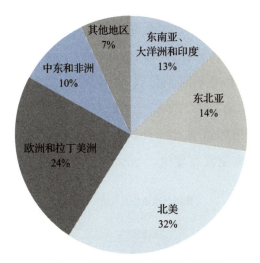

图3-9　爱立信销售市场构成分析

由此可知，爱立信的全球收入相较于华为来说，更加均衡，说明爱立信品牌在全球范围的认知度更高，更加中性。2018年之后，华为在北美损失的市场份额多半落入了爱立信的口袋。

## 3.3　诺基亚：通信网络、专利授权和软件服务

诺基亚2020财年销售收入为219亿欧元，约合1637亿元人民

币（汇率7.4758），与爱立信的收入规模接近。较2019年233亿欧元下降6.27%。综观过去10年，诺基亚由于受业务整合的影响，销售收入有较大幅度波动。10年前的2011年，它还处于全球手机行业的顶端，销售收入高达387亿欧元，远超过当前的收入水平。在2000年高点的时候，其销售收入占到芬兰整个国家GDP的4%、出口总额的21%和赫尔辛基证券交易所总市值的70%。[50]后因业务出售的原因，销售收入在2015年曾一度跌至125亿欧元。2016年后开始回升至236亿欧元，目前基本维持在这一水平。

如图3-10所示，从销售收入构成来看，诺基亚目前主要专注于通信网络业务，2020年其销售收入169亿欧元，占总收入的77%；软件服务27亿欧元，占12%；技术服务（包括专利授权）收入14亿欧元，占6%；集团普通业务及其他9.82亿欧元，占5%。与2018年相比，数据基本上没有变化。

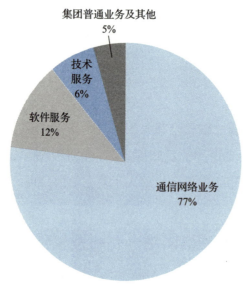

图3-10　诺基亚销售收入构成分析

就区域市场而言，如图 3-11 所示，诺基亚两个最大的市场仍然是北美和欧洲，前者收入 71 亿欧元，后者收入 66 亿欧元，分别占总收入的 33% 和 30%。它在北美市场的份额较之 2018 年也有所扩大，说明它也在美国制裁华为的行动中分到了一杯羹。亚太其他地区收入 39 亿欧元，占 18%。大中华区收入 14 亿欧元，占 6%，较 2018 年的 10% 有较大幅度的下降。拉丁美洲市场收入 10 亿欧元，占 4%，中东和非洲市场收入 19 亿欧元，占 9%，基本维持稳定。

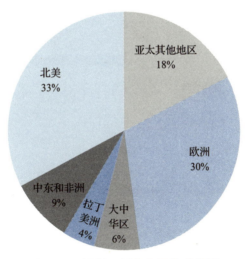

图 3-11　诺基亚销售市场构成分析

## 3.4　思科：平台服务、应用服务和安全服务

思科 2020 财年销售收入 493 亿美元（包括产品销售收入 360 亿和服务收入 133 亿），较 2019 年 519 亿美元下降 5.02%。在产品销售收入构成中，除了没有移动终端业务以外，其他业务与华为非常类

似。如图 3-12 所示，包括网络基础设施平台服务、应用服务、安全服务和云服务及其他。源自网络基础设施平台服务收入 271 亿美元，占 75%；应用服务收入 56 亿美元，16%；安全服务收入 32 亿美元，9%；云服务及其他 1.35 亿美元，几乎可忽略不计。较之 2019 财年，安全服务收入略有增长，网络基础设施平台服务收入有所下降，其他业务收入基本维持稳定。

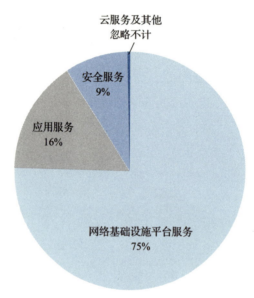

图 3-12　思科销售收入构成分析

就区域市场而言，如图 3-13 所示，2020 年财年源自美洲地区的收入 293 亿美元，占总收入的 59%，微降；欧洲、中东和非洲地区收入 127 亿美元，占 26%；日本、大中华区及亚太其他区域收入 74 亿美元，占 15%。总体上，各区域市场的收入都保持了稳定。由于其接近六成的收入源自美洲地区，从这个意义上来说，思科是前述几家公司中全球化程度最低的一家美国公司，是一家以美国为根据地的全球化公司。

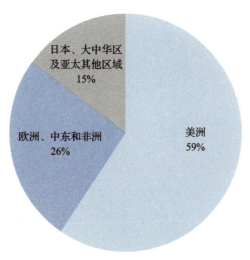

图 3-13 思科销售市场构成分析

## 3.5 高通：系统集成、专利授权和新业务

高通公司凭借其技术优势在过去 10 年竞争中独占鳌头。2020 财年销售收入 235 亿美元，较 2019 年下降 3.06%。过去 10 年，其销售收入的复合增长率为 5.16%，算是几家西方网络通信公司中有一定增长的公司。如图 3-14 所示，在 2020 年销售收入构成中，基于 CDMA 和 OFDMA 系统集成的 CDMA 技术收入 165 亿美元，占 70%，较 2018 年有较大幅度下降；技术专利收入 50 亿美元，占 21%，基本与 2018 年持平；源自新业务及其他业务的调节项目收入 20 亿美元，占 9%，较 2018 年的 1 亿美元有较大幅度的增长。战略投资收入很小，忽略不计。从总体上来看，其收入构成基本稳定。

如图 3-15 所示，就地域收入分布来看，2020 年源自包括香港在内的中国市场收入 140 亿美元，占总收入的 59%，较 2018 年的

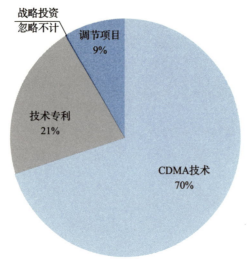

图 3-14　高通销售收入构成分析

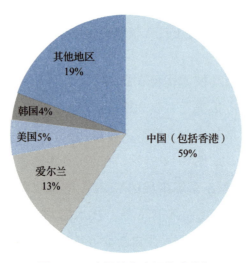

图 3-15　高通销售市场构成分析

67% 有一定幅度的下降；爱尔兰市场收入 30 亿美元，占 13%，基本持平；美国市场收入 11 亿美元，占 5%，较 2018 年的 3% 有一定幅度的增长；其他地区收入46亿美元，占19%，较2018年的17%，有一定幅度的增长。从总体上来看，高通仍然是一家对中国市场具有很大依赖性的美国公司：2018年有2/3的收入源自中国市场，2020年虽然这一占比有所下降，但仍然接近60%。

## 3.6 中兴：运营商网络、政企业务和消费者业务

相较之下，中兴的运营商网络收入占比更大一些，2020年其销售收入为740亿元，占公司销售总额的73%；消费者业务162亿元，占16%；政企业务113亿元，占11%，如图3-16所示。

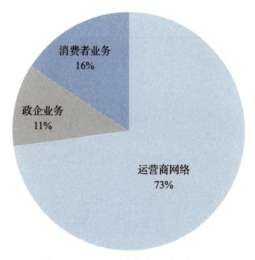

图3-16 中兴销售收入构成分析

如图3-17所示，就地域收入分布而言，中兴的全球化程度相对于华为来说要低一些，其源自中国本土的销售收入681亿元，占销售总额的67%，海外销售收入仅占33%。但就销售规模而言，二者

差距巨大。华为 2020 财年销售收入已达 8914 亿元，而中兴仅为 1015 亿元。其上市以来的 1997～2006 年，公司保持了高速发展，销售收入复合增长率高达 49.26%，但过去 10 年发展相对缓慢，复合增长率仅为 1.8%。2018 年由于受美国政府打压，其销售收入与 2017 年相比有较大幅度下滑，负增长 21.41%。最近两年有所恢复，重新步入千亿规模。

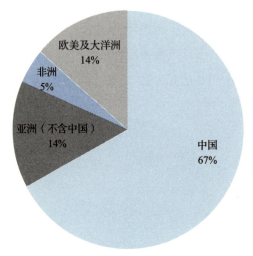

图 3-17　中兴销售市场构成分析

华为在过去 10 年，尤其是 2014 年之后的过去 6 年能够保持较快速度增长，得益于它在消费者业务领域的突破。2014 年之前，华为手机的市场占有率仅为 0.9%，经过之后 3 年的努力，2017 年达到 7.52%，位居三星（30.63%）、苹果（21.98%）之后。2018 年手机出货量首次与苹果持平（14%），⊖ 2019 年超越苹果。但截止到 2021

---

⊖ 根据 Counterpoint 数据，2018 年全球市场份额排名：三星 30.63%，苹果 21.98%，华为 7.52%；2018 年全球手机出货量排名：三星 19%，苹果 14%，华为 14%。

年上半年,由于华为剥离荣耀,手机市场占有率跌出前五,荣耀市场占有率为 8.9%。[51]

薛云奎

成稿于 2019 年 10 月 17 日

修改于 2021 年 10 月 3 日

## 第 4 章

# 双轮驱动：客户需求与技术创新

"无论将来我们如何强大，我们谦虚地对待客户、对待供应商、对待竞争对手、对待社会，包括对待我们自己，这一点永远都不要变。"（华为：《做谦虚的领导者》，2014）[52]

在上一章，我们已经分析过华为及其可比公司在过去 10 年的业务发展情况，以及它们的全球化程度。本章将着重分析和讨论华为及其他可比公司技术领先水平、研发投入和创新能力。销售及其增长、研发投入和销售毛利分析，这三个方面构成了我们四维分析法经营层面分析的重点。

我们在分析华为及其竞争者过去 10 年研发投入的时候，才真正明白为什么任正非说他要是早知道通信行业这么困难，可能就不会选择这个行业了。从财报中的研发投入来看，通信行业在过去 10 年可以说竞争十分惨烈,到处弥漫着硝烟。"我们认为,要研究新技术,但是不能技术唯上,而是要研究客户需求,根据客户需求来做产品,技术只是工具。"[53] 华为认为:"在产品和解决方案领域要围绕客户需求持续创新。**任何先进的技术、产品和解决方案,只有转化为客户的商业成功才能产生价值**。在产品投资决策上,我们坚持客户需求导向优先于技术导向。要在深刻理解客户需求的前提下,对产品和解决方案进行持续创新,我们的产品和解决方案才会有持续竞争力。"[54]

如图4-1所示,根据华为2020年年报,华为19.7万名员工中从事研发的员工数量约为10.5万名,占员工总数的53.4%。创新是华为发展的不竭动力,任正非说:"技术的领先带来了机会窗利润,我们再将积累的利润投入升级换代产品的研究开发,如此周而复始,不断地改进和创新。"[55]

图4-1 华为的研究与创新

资料来源:华为2020年年度报告。

2020年研发投入1419亿元人民币,占销售毛利的43.36%(见

图 4-2）。过去 10 年累计投入研发经费 7257 亿元人民币，占同期销售毛利的 37.59%。**研发投入经费的复合增长率高达 22%，远快于公司销售收入与净利润增长**，表明华为对研发活动的重视程度超过对销售和利润增长的关心。尤其是过去三年，华为面对美国制裁更是进一步加大了研发投入的力度，研发投入占销售毛利的比重从 2018 年的 36.49% 升高至 2020 年的 43.36%。华为早在 2012 年便提出："把握行业转型的机会，敢于加大投入，抢占战略机会点；以有效的增长为核心，有舍有弃地加强战略集中度，把握战略制高点，构筑公司面向未来长期生存发展的基础。"[56]

图 4-2 华为研发费用占比分析

虽然华为的研发投入总量在行业内已跃居首位，但其对研发的重视程度并非排在第一。几乎行业内除思科外的所有企业都把研发投入放在十分重要的位置。任正非（2000）说："核心竞争力对一个企业来讲是多方面的，技术与产品仅仅是一个方面，**管理与服务的进步远**

远比技术进步重要。十年来公司深深地体会到这一点。没有管理，人才、技术和资金就形不成合力；没有服务，管理就没有方向。"[57] 由此可知，华为是一家重视技术但不会只重视技术的公司。任正非说："所有公司都是**管理第一，技术第二**。没有一流管理，领先的技术就会退化；有一流管理，即使技术二流也会进步。"[58]

## 4.1 中兴，正在从美国制裁中恢复元气

首先让我们来看中兴。中兴也是一家非常重视研发投入的公司，2020年合计投入人民币148亿元，虽体量上远不如华为，但其投入占销售毛利的比重则高达46.14%，高于2019年126亿元的投入金额和37.29%的占比（见图4-3）。这表明中兴正在从美国的制裁中恢复元气。2018年，中兴被美国重罚，其研发预算被压缩至109亿元，过去两年得以逐步恢复。

图4-3　中兴研发费用占比分析

中兴过去 10 年累计投入研发费用 1099 亿元人民币，占同期销售毛利的 38.72%，略高于华为的 37.59%，只是华为的体量更大。由此也可说：华为与中兴等中国公司的成功，并非只是占了中国劳动力市场的便宜，以及空穴来风的所谓"偷窃"，而是因为它们**对研发的重视和持续投入**才赢得今天的局面。也就是说，它们的成长不仅有汗水，更有无处不在的聪明才智。

## 4.2 思科，背靠美国的市场优势

思科相对来说则处于某种市场优势地位。如图 4-4 所示，2020 财年投入研发经费 64 亿美元，较 2019 年的 66 亿美元略有下降，占销售毛利的 20.13%，与 2019 年占比完全持平。过去 10 年累计投入研发经费 614 亿美元，占同期销售毛利的 20.61%。

图 4-4　思科研发费用占比分析

从研发经费投入的体量上来说，思科的研发投入仅次于华为与苹果（952亿美元），**但它对研发的重视程度远不如华为**。华为拿出37.59%的销售毛利投入研发，而思科则仅占20.61%，这或许也是思科创新能力日渐衰退的主要原因。在3G、4G时代，思科在网络技术方面处于绝对的领先地位，而在5G时代到来之际，它最多也只能说行业领先，而不能说绝对领先。

## 4.3 高通，正在经受华为后来居上的强大压力

高通，是当前网络通信技术中的奠基者和佼佼者。在移动设备、网络设备、宽带网关和消费类电子设备中，诸多基础性核心技术都是高通的成就。如前所述，它专门有一家子公司——高通技术授权公司（QTL）负责向全世界的相关公司实施专利授权并收取专利使用费。如图4-5所示，高通为了保持它在技术上的领先优势，2020年投入研发经费60亿美元，略高于上年的54亿美元，占销售毛利的

图4-5 高通研发费用占比分析

41.85%。过去 10 年研发投入总量为 501 亿美元，占销售毛利的平均比重为 36.95%，与华为不相上下。过去 3～5 年，高通有意识地加大了研发投入的力度。2017 年研发投入占销售毛利的 43.88%，较上年提升约 6 个百分点，2018 年继续加大投入至 45.04%。这是不是受了华为等中国公司快速成长的刺激？我们不得而知。

## 4.4 爱立信，在夹缝中求生

爱立信或许是华为竞争者中最"努力"的一家公司。其产品和服务虽然在全球范围内得到广泛认同，但业绩增长缺乏动力。公司持续追加研发投入，却无奈始终没有推出像样的技术和产品。如表 4-1 所示，爱立信 2020 年投入研发经费 397 亿瑞典克朗，约合 293 亿元人民币，占销售毛利的 42.37%。过去 10 年累计投入研发经费 3558 亿瑞典克朗，平均占同期销售毛利的 47.04%。公司将在激烈竞争条件下获取的微薄毛利近一半投入研发，却仍然未能赢得大的起色，可见行业竞争的激烈程度。其中一个很重要的原因很可能是手机经营上的失败。

## 4.5 诺基亚，强弩之末

如表 4-1 所示，诺基亚 2020 年投入研发经费 41 亿欧元，占销售毛利的 49.88%。过去 10 年累计投入研发经费 406 亿欧元，占同期销售毛利的 51.55%。受限于业绩增长缓慢，公司研发投入在过去三年不增反降，感觉上也是在勉力支撑目前的局面，与华为的差距越拉越大。如果没有奇迹发生，诺基亚恐难走得更远。

表 4-1 研发费用对比分析表

| 公司 | 项目 | 2011 | 2012 | 2013 | 2014 | 2015 | 2016 | 2017 | 2018 | 2019 | 2020 |
|---|---|---|---|---|---|---|---|---|---|---|---|
| 爱立信（百万瑞典克朗） | 研发费用 | 32 638 | 32 833 | 32 236 | 36 308 | 34 844 | 31 631 | 37 887 | 38 909 | 38 815 | 39 714 |
| | 销售毛利 | 79 721 | 72 081 | 76 371 | 82 427 | 85 819 | 65 254 | 47 927 | 68 200 | 84 824 | 93 724 |
| | 研发费用占比 | 40.94% | 45.55% | 42.21% | 44.05% | 40.60% | 48.47% | 79.05% | 57.05% | 45.76% | 42.37% |
| 诺基亚（百万欧元） | 研发费用 | 5 612 | 4 782 | 2 619 | 2 493 | 2 126 | 4 904 | 4 916 | 4 620 | 4 411 | 4 087 |
| | 销售毛利 | 11 319 | 8 390 | 5 345 | 5 638 | 5 453 | 8 456 | 9 139 | 8 446 | 8 326 | 8 193 |
| | 研发费用占比 | 49.58% | 57.00% | 49.00% | 44.22% | 38.99% | 57.99% | 53.79% | 54.70% | 52.98% | 49.88% |

研发投入的规模与力度在某种程度上决定了一家公司产品的差异性和科技含量，但**研发管理本身也会影响研发产出的质量**。乔布斯时代的苹果就是最典型的个案。在他的任期内，苹果的研发投入仅十几亿美元，却开创了一个伟大的互联网时代。而在他过世之后，苹果的研发投入已高达上百亿美元，却并未做出像乔布斯时代那样出众的产品。所以，如果只懂得向研发活动砸钱而不懂得有效管理，显然也不能取得预期的效果。

## 4.6　苹果，正在加大研发投入

2020 财年苹果投入研发经费 188 亿美元，较 2019 年 162 亿美元增长 15.63%。过去 10 年增长 6.72 倍，复合增长率 25.49%。苹果 10 年间累计投入研发经费 952 亿美元，占同期销售毛利的 11.63%，是上述所有公司中研发投入占比最低的公司。这一方面是因为苹果在规模尚小的时候依赖乔布斯这个产品创新天才，以很少的研发投入取得了巨大的业绩回报；另一方面也是因为苹果目前的毛利体量太大，如果按 20% 销售毛利计提研发费用，2020 年将会超过 200 亿美元。刻意的投入有时也会是一种"揠苗助长"。但从图 4-6 可以看到，苹果的研发投入在逐年加大。

如前所述，研发投入与研发管理同等重要，其复杂程度很难从公开报表数据加以判断。华为提出："公司对于整个研发流程的考核，一是考潜力的增长，二是考对公司的贡献。潜力的增长是对未来的贡献，现在的贡献就是收益，对整个大团队的考核必须兼顾这两方面。我们要均衡发展，今天不赚钱的项目也要加大投入，今天赚钱的项目要加大贡献。我们希望长远地生存下去，短期生存下去对我们来

图 4-6 苹果研发费用占比分析

说是没有问题的,因此,评价要从长远角度来考虑。"[59] 全球通信业主要企业研发投入情况如图 4-7 所示。

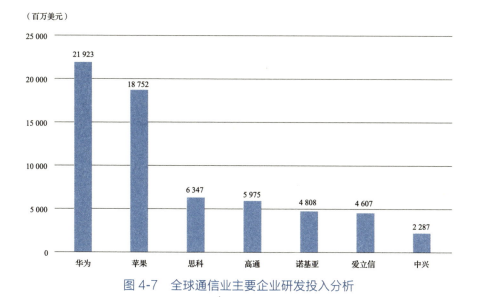

图 4-7 全球通信业主要企业研发投入分析

华为认为:"什么是好产品?好产品犹如好歌,只有千古传唱的歌,才是好歌。都江堰就是一个例子。几千年过去了,都江堰的设计、结构、思想,现在都没有人提出来说要改变它。这才是真正的科研成果,真正的好产品。"[60]

薛云奎

成稿于 2019 年 10 月 24 日

修改于 2021 年 10 月 5 日

# 第 5 章

# 销售增长与毛利权衡

"高科技产业的扩张，机会和市场占有率永远是最重要的，为了市场占有率，有可能牺牲很多利润。"（任正非与财务系统座谈纪要，1997）[61]

前两章分析了华为及其可比公司的销售增长与研发投入，本章将接着为大家分析华为及其可比公司的销售毛利及市场定位。

对研发投入效果的最直接衡量就是看销售毛利率，销售毛利率越高的公司，表明其产品具有更大的差异性或更高的科技含量，企业的创新能力也就越强。如果研发投入不能产生更高的毛利率，那么，我们就需要检讨是公司研发投入不足，还是研发活动的管理以及研究方向的选择出了问题。如果一家公司的研发投入长期不能提升公司产品的市场竞争力，那么，一定要检讨研发投入持续低效的原因是什么。

高毛利率是公司产品差异化最直接的体现，而低毛利率则意味着公司正在采取成本优先的策略。所以，销售毛利率指标对理解公司的战略定位具有高度的敏感性。

任正非（2014）说："首先，我认为技术不是门槛，任何技术别人都能赶上来；客户也不一定有忠诚度，因为你自己就不可能永远这么好地对待你曾经的客户，这些都是不可靠的。我认为真真实实的是商业模式，为什么我一贯主张**赚小钱不赚大钱**？这就是商业模式。"[62]

创新能力和研发能力分析的另一个重要维度是公司取得或拥有的发明专利或授权专利数量。只不过，专利数量只是创新能力的一种形式上的表达，并不能为企业可持续发展创造收益。**只有把专利转化为现实的生产力，研发投入才能成为企业可持续发展的动力**。否则，过度地关注专利的数量而不注重专利的质量及其他能够产生的效益，不仅不利于公司发展，反而会助长研发活动的"浮夸风"，破坏公司以盈利为本的根基，有百害而无一利。

2009年任正非在《深淘滩，低作堰》一文中对华为的商业模式做了非常精辟的论述，这篇文章对华为经营模式的成熟产生了重要影响。文章指出："深淘滩，就是确保增强核心竞争力的投入，确保对未来的投入，即使在金融危机时期也不动摇；同时不断地挖掘内部潜力，降低运作成本，为客户提供更有价值的服务……低作堰，就是节制对利润的贪欲，不要因短期目标而牺牲长期目标，自己留存的利润低一些，多一些让利给客户，以及善待上游供应商。"[63]

## 5.1 要毛利，但更要市场

根据田涛、吴春波所著的《下一个倒下的会不会是华为》，2009年

1月27日,世界知识产权组织(WIPO)在其网站公布2008年全球专利申请情况时描述:"第一次,一家中国公司在2008年名列PCT申请量榜首。华为技术有限公司,一个总部设在中国深圳的国际电信设备商,2008年提交了1737项PCT国际专利申请,超过了松下电器和飞利浦。"但华为内部面对这个"世界第一"异常平静,并未举行任何庆功活动,相反,一些高管还专门批评了申请这么多专利带来的负面效果:"数量第一不代表质量,你收了多少专利费啊?"[64]

当然,我们说一家公司收取了多少专利费的确是衡量一家公司专利质量高低最直接的重要指标,但基于财报数据的分析结论,可能会更加全面、公允。因为**一家公司的综合销售毛利率在很大程度上便代表了这家公司的创新是否形成了直接的生产力**。就华为而言,2020年销售毛利率为36.70%,较上年37.57%略有下降(见图5-1)。过去10年平均销售毛利率为39.06%,表明其产品在市场上具有较强的竞

图5-1 华为销售毛利率分析

争力。但在过去三年，其产品竞争力在美国政府的强力打压下逐步走低，却非常稳定，并非大幅度下降，这表明华为还是比较扛得住打击的。

任正非（2014）说：“因为电信网络太不挣钱了，有些设备供应商减少了有些方面的投资，才让我们赶上来了。如果当我们在这个行业称霸时，我们继续赚小钱，谁想进这个行业赚大钱都是不可能的，他要赚小钱，他能不能耐得住这个寂寞？耐不住寂寞他就不干了，还是我们占着这个位置。如果我们**长期保持饥饿状态，不谋求赚大钱，最终我们能持久赚钱**。赚小钱，如果分配不是很差，还过得去，大家不散掉就行了。**如果我们想垒起短期利益，想赚大钱，就是自己在埋葬自己**。保证公司生存下来应该是多方面的，但我认为最主要的，就是内心要盯住有效的增长及优质的服务。"[65]

从图5-1可知，华为的销售毛利率在过去10年基本保持了稳定，表现也不突出。其间虽有起伏，但总体上维持在40%左右，这表明华为的创新能力和产品竞争力稳定，或许也与华为秉持赚小钱不赚大钱的经营策略有关。任正非（2012）说：“有人说我们做芯片不挣钱，人家做半导体的挣大钱，但是挣大钱的死得快，因为大家眼红，拼命进入。**我们挣小钱怎么死呢**？我们这么努力，比不上一个房地产公司，**上帝先让我们死，就有点不公平**。我和欧盟副主席聊天，他问我：全世界的经济都这么困难，你怎么敢大发展？我说第一点，我们的消费是小额消费，经济危机和小额消费没关系，比如你欠我的钱，我还是要打电话找你要钱，打电话就是小额消费。第二点，我们赢利能力还不如餐馆的毛利率高，也不如房地产公司高，还能让我们垮到哪儿去，我们垮不了。所以当全世界都在摇摆，都人心惶惶的时候，华为公司除了下面的人瞎惶惶以外，我们没有慌，我们还在改革。至

少这些年你们还在涨工资,而且有的人可能涨得很厉害。**我们为什么能稳定?就是我们长期挣小钱。**" 66

## 5.2 思科只要高毛利

在国际电信行业,销售毛利率最高的公司是思科。思科 2020 财年的销售毛利率为 64.26%,明显高于上年的 62.94%(见图 5-2)。过去 10 年保持得非常稳定,平均销售毛利率为 61.78%。单就毛利率的表现而言,思科的产品在市场上处于高端定位,而且,品质和独特性遥遥领先于其竞争对手,具有强势的市场主导地位。也可以看到,它与华为呈现此消彼长的现象。

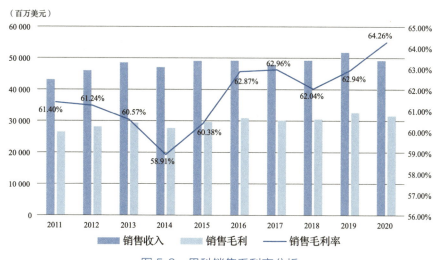

图 5-2 思科销售毛利率分析

## 5.3 技术优势持续被削弱的高通

销售毛利率次高的公司是高通。如图 5-3 所示,高通 2020 财年销售毛利率为 60.67%，较上年的 64.57% 略有下降，但过去两年有显著的提升。单从数据来看，也可以说它是美国政府打压华为最大的受益方。过去 10 年平均销售毛利率为 60.15%，与思科接近，展示了美国高科技公司高端的形象。但高通未能在过去 10 年保持稳定。2011 年，其销售毛利率高达 67.39%，遥遥领先于其他公司，此后一路下滑至 54.94%，这表明公司创新能力表现出持续衰减的趋势。如果在 5G 技术方面，高通不能获得重大突破并赢得与 3G 和 4G 相当的优势，其销售毛利率水平进一步下降或成为必然的趋势。

图 5-3　高通销售毛利率分析

## 5.4　只求活着的其他友商

如表 5-1 所示，除此之外的其他公司销售毛利率表现平平，基本维持在 30%～40%。诺基亚 2020 财年销售毛利率为 37.49%，过去 10 年平均销售毛利率为 35.57%；爱立信 2020 年销售毛利率为 40.33%，有非常大幅度的提升，过去 10 年平均销售毛利率为 33.57%，感觉它也是美国制裁华为的受益方；中兴 2020 年销售毛利率为 31.61%，过去 10 年平均销售毛利率为 31.02%。由此可知，诺基亚、中兴和爱立信三家公司已经很难再与思科、高通和华为竞争，它们基本在全球低端市场上求生存。

表 5-1 销售毛利率汇总表

| 公司 | 2011 | 2012 | 2013 | 2014 | 2015 | 2016 | 2017 | 2018 | 2019 | 2020 |
|---|---|---|---|---|---|---|---|---|---|---|
| 华为 | 37.49% | 39.82% | 41.01% | 44.22% | 41.69% | 40.29% | 39.45% | 38.57% | 37.57% | 36.70% |
| 苹果 | 40.48% | 43.87% | 37.62% | 38.59% | 40.06% | 39.08% | 38.47% | 38.34% | 37.82% | 38.23% |
| 思科 | 61.40% | 61.24% | 60.57% | 58.91% | 60.38% | 62.87% | 62.96% | 62.04% | 62.94% | 64.26% |
| 中兴 | 30.26% | 23.90% | 29.39% | 31.56% | 31.03% | 30.75% | 31.07% | 32.91% | 37.08% | 31.61% |
| 高通 | 67.39% | 62.89% | 60.51% | 59.66% | 58.95% | 58.61% | 56.07% | 54.94% | 64.57% | 60.67% |
| 爱立信 | 35.10% | 31.60% | 33.60% | 36.20% | 34.80% | 29.60% | 23.30% | 32.30% | 37.33% | 40.33% |
| 诺基亚 | 29.28% | 27.80% | 42.06% | 44.28% | 43.63% | 35.81% | 39.48% | 37.43% | 35.71% | 37.49% |

任正非（2013）说："在这种市场上，不能动不动就搞什么恶战，别老是想低价竞争的问题，这是历史了，**这是过去华为公司的错路，要终止**，否则我们就会破坏这个世界，破坏社会秩序了。我们还是要以优质的产品和服务打动客户，恶战、低价是没有出路的。"[67]

苹果因其业务类型不同，与上述三家公司可比性相对较弱。其 2020 财年销售毛利率为 38.23%（见图 5-4），略高于华为。过去 10 年平均销售毛利率为 39.03%，这几乎与华为过去 10 年的平均销售毛利率（39.06%）一致。只是华为的销售毛利率承受了很大的市场压力，有明显下降趋势，而苹果则保持了相对稳定。当然，如果仅考虑市场因素，如果苹果在产品创新能力方面不能获得重大突破，未来面临的竞争会更加激烈，销售毛利率也会承压下滑。

图 5-4　苹果销售毛利率分析

从总体上来说，如果美国考虑实施进一步保护，那么，思科和高通的市场竞争压力会进一步减轻，从而维持其较高的毛利率水平（见图 5-5）。苹果因其主要产品是移动终端，所以，被保护的范围和

图 5-5　2020 年全球通信业主要企业销售毛利率分析

力度要小很多。而由于它对中国及亚太其他地区市场有一定依赖性，未来该地区的竞争会进一步加剧，所以，苹果的增长会承受来自华为以及其他中国移动终端提供商的竞争压力。

高通因其销售收入的绝大部分源自大中华区和亚太其他地区，所以，如果其5G技术不能获得如3G、4G时代的绝对领导地位，那么，其销售毛利率也一定会进一步承压下降。诺基亚、爱立信和中兴基本处于食物链的底端，想要翻身不容易。如果美国持续遏制华为及其他中国公司，诺基亚、爱立信等国外的企业或许可以获得比之前更多的市场机会，但由于创新能力缺失的原因，仍然只会在世界平衡格局的夹缝中求生存。

薛云奎

成稿于 2019 年 11 月 6 日

修改于 2021 年 10 月 5 日

## 第6章

# 大道至简与效率优先

"互联网不断地往新的领域走,带来了技术的透明、管理的进步,加快了各公司之间差距的缩短。因此,未来的竞争是管理的竞争,我们要在管理上与竞争对手拉开差距。"(华为:EMT 纪要,2008)[68]

在前面三章,我们集中讨论了华为及其可比公司在经营方面的情况及结论。研发投入方面的竞争,我们知道主要体现在产品的创新方面,影响产品定价和销售毛利率水平。而管理的竞争则主要体现在资产利用效率和成本控制方面,影响企业的竞争优势和可持续发展。本章着重分析这些样本公司的资产质量、利用效率、人均产出和费用产出。华为认为:"公司是一个技术密集、资金密集、人才密集的企业,它将在奋力的发展中,逐步**摆脱对资金的依赖、对技术的依赖、对人才的依赖,从必然王国逐步走向自由王国**。"[69]

## 6.1 扎实的管理基本功

如图 6-1 所示,华为 2020 年度末资产余额 8769 亿元,创造的销售收入总额为 8914 亿元,资产周转率为 1.02 次,较 2019 年的 1.00 次略有提升。这一指标在过去 10 年表现非常稳定,基本稳定在 1～1.2 次,表明**公司有规范的管理制度和流程,商业模式稳定**。其中,2015～2017 年表现卓越,从 2014 年的 0.93 次升高至 2017 年的 1.19 次,表明公司资产利用效率有较大改善。但在过去三年,资产周转率有明显下降的趋势,这可能与其全球供应链体系遭受破坏、市场竞争加剧、囤积存货和销售增长乏力有关。2018 年度资产周转率较 2017 年度有较大幅度的下降,主要是因为资产规模膨胀较快。2018 年度末,资产余额较上年 5052 亿元增长 31.78%,而同期销售收入则仅增长了 19.48%。之后两年,则是销售增长乏力所致。

图 6-1 华为资产周转率分析

## 6.2 思科购并后遗症，商誉规模降低管理效率

思科 2020 财年末的资产余额为 949 亿美元，连续四年保持了下降。2017 年最高，1298 亿美元，2018 年下降到 1088 亿美元，2019 年进一步下降至 978 亿美元。2020 年思科销售收入为 493 亿美元，资产周转率为 0.52 次，相对于上年的 0.53 次，略有下降（见图 6-2）。思科资产规模持续下降的主要原因是股票回购，2018 年回购 183 亿美元，2019 年回购 216 亿美元，2020 年回购 33 亿美元。资产规模的减小对资产利用效率有一定程度的改善作用，2017 年之后，其资产利用效率因为资产规模的减小而持续提升。

图 6-2 思科资产周转率分析

从总体来看，思科的资产利用效率远不如华为。究其主要原因是思科在发展过程中进行了大量的购并交易，仅仅在 1995～1996 年，便完成了 11 项收购。其中最著名的一项收购是 Stratacom，这是一

家经营异步传输模式（ATM）和帧中继高速广域网（WAN）交换设备供应商。它制造了第一台商用蜂窝交换机（Commercial Cellular Switch，CCS），也称为快速数据包交换机。1999年，正值互联网泡沫时期，思科还曾以约70亿美元收购了一家主要经营光学设备的初创公司Cerent Corporation，这也是思科发展史上最昂贵的一次收购。

为了获取新的产品和人才，思科不惜以各种代价，在过去10年进行各种收购。最近一次比较大的收购，是2017年1月以37亿美元收购AppDynamics。该公司专注于管理整个云计算环境以及数据中心内应用程序的性能和可用性，在它准备上市的前一天，被思科收购。同年8月1日，又以6.1亿美元现金完成对Viptela Inc.的收购，并承担了股权奖励。这是一家经营软件定义广域网（SD-WAN）的公司。同年10月23日，以19亿美元收购Broadsoft，以进一步巩固其在云通信和协作领域的能力。2018年8月3日，以23.5亿美元现金收购由风险资本支持的网络安全公司Duo Security。2020年12月7日，以7.3亿美元收购位于英国伦敦的云通信软件公司IMImobile。

**频繁的资产收购虽然有助于将最领先的技术和人才融入思科，但也使其资产规模日渐臃肿，导致其商誉和无形资产规模持续膨胀**。至2020财年末，其商誉与无形资产余额高达354亿美元，占总资产的37.30%（见图6-3）。其中，商誉便高达338亿美元，除商誉之外的其他无形资产16亿美元。这导致公司资产利用效率难以与华为匹敌。

或许是思科意识到自身资产利用效率日趋下滑的弊端，过去三年的资产周转率有明显改善。一方面源于销售收入的增长，另一方面则是因为**大比例的股票回购和现金分红压缩了资产规模**，提升了整体资产利用效率。

图 6-3　思科商誉及无形资产占比分析

## 6.3　高通频繁购并，增加商誉资产

高通 2020 财年末资产余额为 356 亿美元，创造的销售收入为 235 亿美元，资产周转率为 0.66 次，较上年的 0.74 次有相当大幅度的下降。资产周转率大幅度下降的主要原因是销售收入出现了负增长，资产余额增长，销售收入下降，自然导致其资产利用效率下降。综观历史，2018 年高通曾经实行了大幅度资产缩减计划。公司通过 300 亿美元的股票回购并注销，既压缩了资产规模，也压缩了股东权益。将资产规模从 2017 年度末的 654.86 亿美元压缩为 326.86 亿美元，整整压缩了 328 亿美元，股东权益压缩了 298.18 亿美元。资产负债率瞬间升高到了匪夷所思的地步，高达 97.16%，从账面上看，似乎面临巨大的财务风险。

资产规模的大幅度缩水，致使其商誉及无形资产的占比大幅度上升。2018 财年末，商誉及无形资产余额 117.21 亿美元，较 2017 年的 114.2 亿美元略有增长，但占比却从 20.25% 上升至 39.71%，在资产项目中显得特别突兀。这也意味着高通在成长过程中也伴随了各种形式的资产收购和兼并。

高通最早的一次购并发生在 1988 年，刚成立不久的高通与 Omninet 合并，开始专注于货运公司的卫星通信系统。1989 年，高通全年收入 3200 万美元中的一半来自 Schneider National 的卫星通信系统合同。这也可以算是高通赚取的第一桶金，才使其有能力开始研发手机网络接入的 CDMA 技术。高通在 20 世纪 90 年代初因缺乏资金于 1991 年 9 月申请上市，并于同年收购 Eudora。这是一款适用于 PC 的电子邮件客户端软件，可用于 OmniTRACS 系统。1998 年，高通通过重组裁员，分拆出手机制造业务并专注于高毛利的专利业务。自此之后，高通共进行了 44 项大大小小的购并。

在这里，我们列举几项大额的购并。2000 年 1 月，高通斥资 10 亿美元收购 SnapTrack，一家专注于手机追踪软件的公司。2011 年 1 月，以 31 亿美元收购网络通信（尤其是无线芯片组）半导体开发商创锐讯（Atheros）。2015 年，以 25 亿美元收购一家跨国无晶圆半导体公司 CSR plc（原剑桥硅无线电），其总部位于英国剑桥，主要产品是连接、音频、成像和定位芯片。CSR plc 在伦敦证券交易所上市，是富时 250 指数的组成部分，直到 2015 年 8 月被高通收购。被高通收购后，公司更名为高通技术国际有限公司。

以上这些案例，只是高通公开披露购并金额比较大的几个案例，其他诸多购并案例因缺乏数据支持而无法向大家详细介绍或评述。最新的三起购并包括：2017 年 2 月 17 日，以 30.71 亿美元收购 RF360 Holdings，一家经营射频前端模组和射频滤波器的公司；2017 年 8 月 17 日，收购一家机器学习与深度学习公司 Scyfer B.V.，具体购并金额未披露；2021 年 1 月 13 日，以 14 亿美元收购芯片初创公司 NUVIA，并将其技术应用到智能手机、笔记本电脑和汽车处理器领域，当然，该笔收购形成的商誉还尚未体现在 2020 财年财报中。

## 6.4　诺基亚，资本运作大伤元气

诺基亚 2020 财年末资产余额为 362 亿欧元，创造的销售收入为 219 亿欧元，资产周转率为 0.6 次，与 2019 财年完全持平。诺基亚资产利用效率低下的原因也与购并有关，其商誉及无形资产占比达 19.42%。这也意味着购并一直伴随着诺基亚的成长。

最大的一笔收购发生在 2015 年 4 月，以 156 亿欧元收购阿尔卡特 – 朗讯，并以此形成在 5G 无线技术领域的战略优势。收购当年，其合并报表收入超越华为和爱立信，曾经一度成为 5G 领域最大的服务提供商。但商誉及无形资产也在合并后激增至 160 亿欧元，后因逐年摊销而逐步下降。

2020 财年末的商誉及无形资产余额仍然高达 70 亿欧元，成为影响公司资产利用效率的重要因素。

## 6.5　谨小慎微的爱立信

爱立信 2020 财年末资产余额为 2715 亿瑞典克朗，创造的销售收入为 2324 亿瑞典克朗，资产周转率为 0.86 次，比上年度的 0.82

次略有增长，是除华为之外资产利用效率最高的公司。爱立信之所以能够保持较高的资产利用效率，很重要的一个原因是它与华为的发展一样，基本依靠内生性增长而很少从外部购并资产。2020 财年末商誉资产余额 350 亿瑞典克朗，知识产权、商标等无形资产 48 亿瑞典克朗，资本化研发费用 39 亿瑞典克朗，三项合计 437 亿瑞典克朗，仅占资产总额的 16.06%，较上年的 13.65% 有较大幅度增长。这主要因为它在 2020 年以 11 亿美元的代价收购了一家美国载体设备制造商 Cradlepoint 导致商誉及无形资产增长。但总体上，爱立信商誉及无形资产占比在几家可比公司中是比较低的。

面对日新月异的技术更新和市场挑战，**爱立信奉行的策略更多的是合作而非购并**。与爱立信最早建立合作关系的是微软。1999 年 12 月，微软和爱立信宣布建立战略合作伙伴关系，将前者的网络浏览器和服务器软件与后者的移动互联网技术相结合。但好景不长，随着互联网泡沫破灭，爱立信与微软于 2001 年分手，爱立信吸收微软在合资公司的 30% 股份，并在同年宣布与日本索尼公司成立索尼爱立信公司。这家公司一直运营到 2012 年 2 月，爱立信将股份转让给索尼，放弃手机业务而专注于全球无线市场。

除此之外，爱立信还长期保持了与惠普公司的合作。它们在 1993 年成立了爱立信惠普公司（EHPT），爱立信拥有 60% 的权益，而惠普拥有另外的 40%。2001 年，当全球电信市场处于最低谷的时候，爱立信买回了惠普拥有的 40% 股权。但它与惠普之间的合作并未就此终结。2003 年，爱立信将其 IT 业务外包给惠普，其中包括托管服务、服务台支持、数据中心运营和 HP 公用事业数据中心。合同于 2008 年延长。爱立信惠普公司还与包括 H3G 和沃达丰在内的电信运营商达成了多项联合外包协议。2005 年 10 月，爱立信收购陷入困境的英国电信制造商马可尼公司的大部分业务，包括其品牌名称，这家公司的历史可追溯到"无线电之父"古列尔莫·马可尼在19世纪80年代创立的马可尼公司。2006年9月，爱立信将其下属爱立信微波系统公司中的安防业务（主要生产传感器和雷达系统）出售给萨博公司，但从中剥离出来的与国家安全、公共安全相关的部分留在了爱立信的体系内。

在发展的历史长河中，爱立信因业务协同或转型的需要而收购或出售过诸多大大小小的公司，但购并规模都不大，总体上保持了平衡。在华为的可比公司当中，爱立信因其对购并的适当节制，使得资产总额中包含的商誉泡沫较低，从而保持了较高的资产利用效率。

## 6.6　中兴，股权投资偏财旺

中兴2020年末余额1506亿元，创造的销售收入为1015亿元，资产周转率为0.67次，较上年的0.64次有较大幅度的上升。究其原因主要还是在受美国商务部制裁跌入低谷后，销售收入有较大幅度的回升。2018年销售收入跌至855亿元，2020年回到1015亿元。如果不考虑美国制裁的影响，中兴的资产利用效率略好于诺基亚。

就与其他可比公司的对比而言，中兴也是一家依赖内生增长而较少购并的公司。2020年末的商誉资产余额仅为1.86亿元，几乎可以忽略不计。但与华为略有不同的是，中兴除了专注于主营业务之外，也从事一定的股权投资。2017年度末，**其权益性资产余额曾一度达到总资产的6.37%**，为91.66亿元；2018年度末余额为65.3亿元，占总资产的 5.05%。过去三年，因资金周转原因，中兴逐步减持了部分长期投资资产，使其资产利用效率有所提升。如果不受美国遏制，中兴扣除这部分权益性资产的影响，资产周转率可达 0.7 次以上，最高年份达到 0.81 次，仅次于华为。这表明中国的两家通信设备制造业公司较之其国外同行都具有较高的资产利用效率。

## 6.7 苹果内生增长，资产简明效率高

苹果 2020 财年末的资产余额为 3239 亿美元，创造的销售收入为 2745 亿美元，资产周转率为 0.85。从这一指标来看，苹果的资产利用效率要远低于华为，与爱立信和中兴接近。事实却不尽然。苹果的资产结构与华为最大的不同就在于它拥有大比例的权益及其他投资。该项资产在总资产中的占比曾经一度（2015 财年）高达 56.48%。2018 财年权益及其他投资余额为 1707.99 亿美元，占总资产的 46.7%；2020 财年余额仍然高达 1001 亿美元，占总资产的 31.14%。所以，从这个意义上来说，苹果**不仅仅是一家高科技企业，也可看作一家资产管理公司**。只不过，其权益类投资收益率极低，如果仅依据 2020 财年财报数据，其权益性投资资产的报酬率仅为 2%～3%。

如果扣除权益及其他投资资产余额，单独考察苹果的经营性资产利用效率，其经营性资产周转率在 2020 财年达到 1.23 次，领先于华为，是所有可比公司中资产利用效率最高的公司。尤其是它的存货周转率高达 41.75 次，远高于华为的 3.37 次。苹果的应收账款周转率为 11.45 次，与华为的 11.93 次接近。

从这些指标的分析结果来评判，苹果的供应链管理效率和总体资

产利用效率在所有可比公司中都是表现最佳的,其他公司(包括华为在内)根本不具有可比性。其中的一个主要差异或许是苹果的绝大部分业务都是 To C 的业务,而其他可比公司或多或少都涉及 To B 的业务。但无论如何,苹果的管理效率高都是无可置疑的。这或许得益于它销售收入的快速增长和极少的公司购并。其账面商誉及无形资产余额在 2020 财年末为 0。

在上述样本公司资产利用效率的分析过程中,作者发现一个有趣的结论:**资产利用效率排名靠前的公司(见图 6-4),往往都是以内生增长为主的公司,而资产利用效率低下的公司,则通常因为购并引起大比例的商誉资产,从而降低了自己的资产利用效率。**

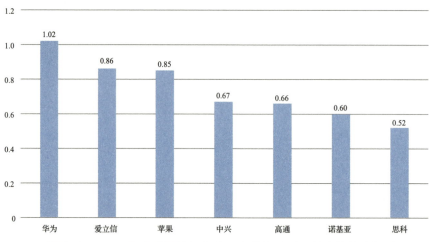

图 6-4　2020 年全球通信行业主要企业资产利用效率比较分析

对于收购,华为持非常谨慎的态度。它的资产利用效率明显优于其他友商的重要原因或许正是它排斥资本运作。华为**资本运作以战略投资为目的,通过购并获取关键技术和能力**。根据华为财委会 2011 年的一份决议,"与会领导认可项目组输出的资本运作政策方案,方案要点为：① 内生性增长是支持华为未来发展的核心和主要驱动力，资本运作可在适当的条件下运用。② 资本运作以战略投资为目的，帮助华为获取关键技术和能力，或扩大市场份额。③ 并购仅在现有核心主业强相关领域开展；合资可在稍偏离核心业务领域开展，但要有明确的业务单元权属（BU Owner）；企业风险投资侧重于促进生态系统发展、刺激市场需求、填补技术空白及获取前沿技术等投资机会。④ 资本运作是高风险业务，应始终坚持谨慎原则；监控和管理是实现资本运作目的和降低资本运作风险的重要手段"。[70]

从上述各样本公司资产利用效率排名中我们发现，**资产利用效率与商誉资产占比之间存在显著的负相关关系**。苹果的资产利用效率之所以低于华为，正如前述，是因为它持有的大比例的权益类资产降低了它的资产利用效率。如果剔除这部分资产占比的影响，苹果公司的资产利用效率会排在所有公司的首位。2020年全球通信行业主要企业商誉及无形资产情况如图6-5所示。

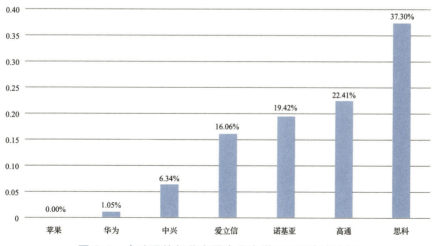

图6-5 全球通信行业主要企业商誉及无形资产分析

任正非强调："收购是为了弥补管道竞争力建设上的不足，而不是为多元化经营。华为从未停止过收购，只是一千万美元以内的收购不用报给我审批，但我相信收购数量应该不小……如果我们跨界去收购一大堆公司，会不会有假的？会不会因为经营不善，反而垮得更快……所以不能万事都做。"[71]

根据华为 EMT 决议（2011）："从现在开始，所有投资、收购兼并必须经由企业发展部统一管理并呈报，企业发展部要严格压制盲目扩张。未进入企业发展部项目管道的属违章项目，公司不予以支持和批准。公司在近两年要重管理，严格控制收购、兼并式发展。"[72]

## 6.8 费效比的综合比较

除资产周转率之外，衡量公司管理效率的另一个尺度是销售及管理费用的使用效率，通常情形下我们称其为"费效比"，即每百元销售收入需要花费多大比例的销售及管理费用，并以此来说明公司预算使用效率的高低。

任正非（2012）说："当前在预算考核中，我们压缩的是内部运作成本，而不是客户及供应商界面的管理费用，各个部门要真正地理解。压缩内部运作成本，才有利于机关组织的大部门制与联席化，流程优化及简化。"[73]

如图 6-6 所示，华为 2020 年的费效比为 12.73%，较 2019 年的 13.29% 平稳下降，与 2011 年前的 16.56% 相比，则有相当大幅度的下降。这表明华为的销售及管理费用使用效率在过去 10 年有相当大幅度的提高，还呈现出稳定提升趋势。

图 6-6 华为费效比分析

华为费效比与它的中国同行中兴非常接近。中兴 2020 年销售及管理费用占比为 12.39%，较 2019 年的 13.93% 也是有所下降（见图 6-7）。

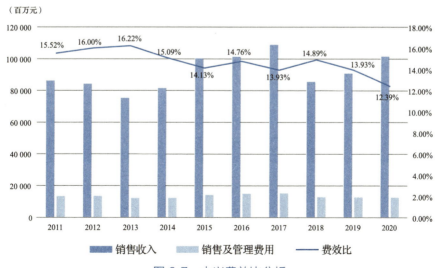

图 6-7 中兴费效比分析

2011年这一指标为15.52%。这表明中兴在过去10年的费用使用效率也有所提升，只是提升的幅度不如华为大。

苹果2020财年的销售及管理费用占比为7.25%，较10年前的7.02%略有上升（见表6-1）。苹果在过去10年的指标变化方面保持稳定，在所有可比公司当中，其费用使用效率表现最为卓越和抢眼。其次是高通，2020财年费效比为8.81%，与10年前的13.00%相比，不仅下降幅度大，而且总体效率也很高。思科的费效比为22.50%，较10年前的27.12%也是有所下降。爱立信与诺基亚公司的费效比接近，前者为11.48%，后者为13.26%。它们与10年前相比基本稳定，诺基亚略有上升。爱立信从11.76%降为11.48%；诺基亚从12.71%上升为目前的13.26%。

表6-1 销售及管理费用占比对比分析

| 公司 | 2011 | 2012 | 2013 | 2014 | 2015 | 2016 | 2017 | 2018 | 2019 | 2020 |
| --- | --- | --- | --- | --- | --- | --- | --- | --- | --- | --- |
| 华为 | 16.56% | 17.56% | 16.29% | 16.47% | 15.77% | 16.57% | 15.35% | 14.59% | 13.29% | 12.73% |
| 中兴 | 15.52% | 16.00% | 16.22% | 15.09% | 14.13% | 14.76% | 13.93% | 14.89% | 13.93% | 12.39% |
| 苹果 | 7.02% | 6.42% | 6.34% | 6.56% | 6.13% | 6.58% | 6.66% | 6.29% | 7.01% | 7.25% |
| 思科 | 27.12% | 25.99% | 24.28% | 24.26% | 24.13% | 23.22% | 23.28% | 23.08% | 21.96% | 22.50% |
| 爱立信 | 11.76% | 11.42% | 11.55% | 11.89% | 11.86% | 13.10% | 15.91% | 13.05% | 11.50% | 11.48% |
| 高通 | 13.00% | 12.15% | 10.13% | 8.65% | 9.27% | 10.13% | 11.92% | 13.14% | 9.04% | 8.81% |
| 诺基亚 | 12.71% | 13.80% | 13.15% | 12.83% | 13.22% | 16.17% | 15.62% | 15.35% | 13.30% | 13.26% |

总体来说，华为的管理效率在同行业中具有领先优势，资产周转率在可比公司中遥遥领先并保持稳定，高达1.02次。资产质量也因商誉占比较小而显著好于其他可比公司。费效比处于持续改善之中

（见图 6-6）。任正非说："我的长远看法，就是从内部来提高服务质量，不要把价格降得太低。不提高服务质量，客户没的比较，比较就只是比价格。我们服务质量没有提高，然后我们价格还很低，实际上竞争力差距是没有拉开的。我们通过**提高产品的质量来进行竞争，避免把西方公司逼到死路上去**。"[74]

苹果在一众公司中表现最为卓著。其经营性资产周转率高达 1.23 次，超越华为。如图 6-8 所示，苹果的费效比为 7.25%，远低于华为 12.73% 的水平。除投资过度保守外，苹果其他管理业绩遥遥领先，是华为最强劲的对手。

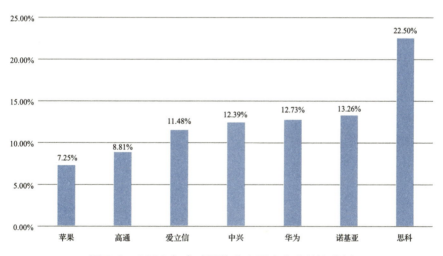

图 6-8　2020 年全球通信业主要企业费效比分析

## 6.9　人均产值和利润的综合比较

人均创收与人均创利是表达公司管理效率最直观的指标。"公司必须在工资增长的同时，效益更快增长，而不是工资增长速度超过了效益增长速度。"[75] 如果一家公司人均产值和利润持续增长，则表明其拥有良好的人均效率和人力资源管理系统。反之则意味着有进一步改善和提升的空间。

如图 6-9 所示，华为 2020 年末的员工总数为 19.7 万人，创造销售收入 8914 亿元，人均创收 452 万元，约合 70 万美元。在过去 10 年，描绘了教科书式的增长曲线。

图 6-9　华为人均创收分析

如图 6-10 所示，华为 2020 年度实现税后利润 647 亿元，人均创利 33 万元，在过去 10 年，也保持了持续稳定的增长。

如图 6-11 所示，从全球范围来比较，华为的人均创收排在行业第二位。排名靠前的还有苹果和思科。苹果的人均创收是 187 万美元，遥遥领先于其他同行，而思科则以 64 万美元位列第三。

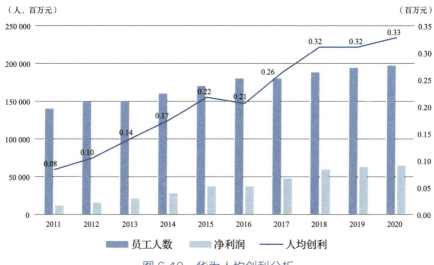

图 6-10 华为人均创利分析

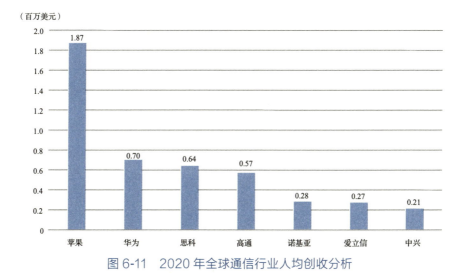

图 6-11 2020 年全球通信行业人均创收分析

如图 6-12 所示,从人均创利来看,华为仅排在第四位。思科和高通均因其更高的销售毛利率而超越华为,分列第二位和第三位。华为人均创利 5 万美元,远低于苹果的 39 万美元、思科的 14 万美元和高通的 13 万美元，但华为保持了良好的增长趋势。

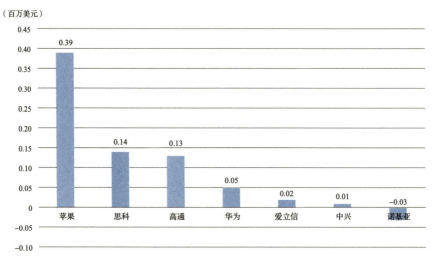

图 6-12　2020 年全球通信行业人均创利分析

薛云奎

成稿于 2019 年 11 月 13 日

修改于 2021 年 10 月 6 日

第 7 章

# 财务风险控制与资金成本权衡

"不因风险我们就不前进了,也不因前进而不顾风险。我们严格规定,绝不进行金融投机开展金融业务,绝不使用金融杠杆工具。我们不可能在两条战线上同时冒风险。"(任正非:与英国研究所、北京研究所、伦敦财经风险管控中心座谈的纪要,2015)[76]

在第 6 章,我们分析了华为及可比公司的管理效率,本章将讨论四维分析法的第三个维度——财务维度。前面两个维度分别是经营维度和管理维度,财务维度分析结束后,还有一个业绩维度,最后我还增加了一部分新的内容,就是关于华为成功之道的讨论。这部分内容比前面两本书的案例分析要深入、系统得多。

华为的财务风险控制,总体上可概括为"4 个三"的运作机制。根据孟晚舟的报告:首先是三类风险,即战略风险、运营风险和财务风险，分类管控；其次是三角联动，通过设在伦敦、纽约与东京的三个蓝军团队独立作业去挑战红军；再次是针对业务活动的流程建立三道防线，包括行政长官、行政长官身边的内控队伍和稽查队伍，以及内部审计组织；最后是通过三个独立组织——CFO组织、账务组织与资金组织，建立所有业务活动的三层审结机制。[77]

华为之所以在伦敦设立风控中心，是因为欣赏英国人的保守和崇尚规则，期望建立完善的制度以应对不确定性；把风控中心设在东京，是看中了日本人做事细致，有助于缩小管理的颗粒度；把风控中心设在纽约，则主要因为纽约是美国经济、金融的中心，其目标是把握宏观经济的走势，比如世界油价变动与汇率变动趋势等。

三层审结，是华为建立的比较特殊的管控机制。每一个行政长官的背后都配置了一位独立的CFO，如国家CFO、区域CFO、客户CFO、重大项目CFO、人力资源CFO、行政采购CFO，但资金和账务未必独立。这些不同层级和岗位的CFO都有向上举手的报告机制。如果工作中发现不合理、不真实、不足够的风险事项，可以及时提醒上级主管干预与管理。[78]

任正非要求："**CFO要不仅能讲数据，还要能讲数据背后的故事**。对数据进行分析，掌握业务运作的规律，提供优化业务运作的方法，才能真正成为业务的助手。"[79] 他说："财务不是决策者，是建议提供者和业务监督者。不了解业务，怎么能有效地服务和监督？满足业务的合理需求，提供有价值的财经服务。能够识别业务的合理性与真实性，提供有效监控，协助业务主管成长。优秀的CFO，不仅要懂得财务，也要懂得业务，这两方面的要求是同时存在的。"[80]

## 7.1 应对挑战,华为提升财务稳健性

华为 2020 年末负债余额 5465 亿元,其中,银行长短期借款仅有 1418 亿,占总负债的 25.95%。上下游公司往来占款、商业负债及华为内部计提的各种准备金占比高达 74.05%。尤其是华为计提的高额准备金规模庞大,远超其他可比公司。

2020 年华为其他负债余额为 1081 亿元,其中包括预提费用 331 亿元,退款负债 184 亿元,其他 325 亿元(见表 7-1)。除此之外,还有一些零星的小额计提,如其他应交税金,应付物业、厂房及设备购建款,应付无形资产购建款等。其他与预提费用两项余额相加共计 656 亿元。各种准备金 243 亿元,这些准备金的存在,在较大程度上缓解和降低了华为的经营风险。

表 7-1 其他负债  单位:百万元

| 项目 | 附注 | 2020 年 | 2019 年 |
| --- | --- | --- | --- |
| 预提费用 | | 33 098 | 42 287 |
| 退款负债 | (i) | 18 430 | 24 141 |
| 其他应交税金 | | 9 899 | 9 288 |
| 应付物业、厂房及设备购建款 | | 9 213 | 9 910 |
| 应付无形资产购建款 | | 3 954 | 5 102 |
| 外汇衍生工具 | | 205 | 165 |
| 其他 | | 32 455 | 16 901 |
| 与持有待售资产直接相关的负债 | 22(iii) | 823 | 1 368 |
| | | 108 077 | 109 162 |
| 非流动部分 | | 3 769 | 3 157 |
| 流动部分 | | 104 308 | 106 005 |
| | | 108 077 | 109 162 |

资料来源:华为 2020 年年度报告。

当然，除此之外，华为的上下游合作伙伴对华为的支持力度也很大。2020年华为扣除借款及各类准备金后的商业负债余额为4046亿元，占总负债的74.05%，如图7-1所示。这一占比在过去三年明显降低，表明华为的信用风险伴随美国的制裁呈现出上升的迹象。

图7-1 华为商业负债占比分析

如图7-2所示，在华为5465亿元的负债余额中，非流动负债余额为1541亿元，占总负债的28.2%，较上年的20.75%有较大幅度的上升，主要原因是华为较大幅度地提高了长期借款的占比，这在一定程度上降低了华为的短期信用风险。

如图7-3所示，就流动负债与流动资产的配比而言，2020年度末的流动资产余额为6914亿元，同期流动负债为3923亿元，流动比率为1.76，近三年保持提升，这表明华为较好地控制了公司的短期偿债风险。

图 7-2　华为非流动负债占比分析

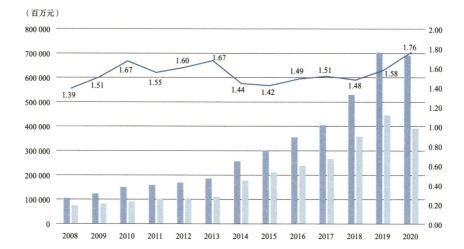

图 7-3　华为流动比率分析

在财务风险的总体控制方面，华为 2020 年度末资产负债率为 62.32%（见图 7-4），较上年的 65.58% 有明显下降，而且也明显低于

10年平均资产负债率65.26%的水平。从过去13年的资产负债率来看，负债率最低的年份为2010年，资产负债率为61.23%，最高为2009年的68.98%。

图7-4 华为资产负债率分析

总体上，华为的资产负债率在过去10年保持了稳定，虽然负债率不低，但较好地控制了短期和长期财务风险，尤其是短期偿债风险。更难能可贵的是，面对因被制裁而信用风险上升的危局，华为从容应对，适当地降低了资产负债率，从65.58%降低到62.32%；提高了财务风险控制的审慎度，增加了非流动负债的占比，从20.75%增长到28.2%；增加了有息负债的占比，从21.64%增长到27.72%，而且，增长部分主要为长期借款。2020年华为的长期借款高达1413亿元，为历史最高水平，表明华为正在准备"过冬"的粮食。

## 7.2 高通过度分配，导致财务风险指标畸形

在华为的可比公司中，2020 财年资产负债率最高的公司是高通。其资产余额为 356 亿美元，负债余额高达 295 亿美元，资产负债率高达 82.93%（见图 7-5）。虽然这比 2018 年 97.16% 已有大幅度的下降，但从指标上来说，这一比率仍然远高于正常的资产负债水平。2017 年，其资产负债率仅为 53.05%，在 2016 年更是低于 40% 的水平。因此，2018 年这一指标的畸形就不得不让人去追究其原因。究其根本，**这一指标的畸形是源于美国特朗普政府的减税政策**。

图 7-5 高通资产负债率分析

特朗普政府为了让美国的跨国企业囤积在海外的大约 2.5 万亿美元利润回流美国，制定了特殊的减税政策。对美国企业海外利润减税——从 35% 的企业所得税率降至一次性 15.5% 的现金税率和 8%

的其他资产税率，以鼓励企业将海外利润转回美国国内。根据 CNBC 报告[81]，2018 年全年美国企业从海外带回了 6649 亿美元，2017 年带回了 1551 亿美元。虽然这与特朗普曾承诺的跨国企业将带回 4 万亿美元的目标仍然相距甚远，但它对美国企业的影响显而易见。

我们所分析的苹果、思科、高通等可比公司都不同程度地受到这一减税政策的影响，纷纷将大笔的海外利润转回美国。高通 2018 年一次性补交了 52.36 亿美元的海外利润所得税，加大了股利分配力度，并一次性回购约 300 亿美元的股票。公司资产规模也因此而"瘦身"，从而急剧提升了公司资产负债率和股东权益报酬率，但流动比率仍然维持在一个较为合理的水平上，2018 年为 1.55，而上年则高达 4，2020 年进一步恢复到 2.14，这表明公司资产具有非常高的流动性，如图 7-6 所示。特朗普政府的减税政策虽然促进了美国跨国公司的利润回流美国，但同时也降低了这些公司未来抗风险的能力和在

图 7-6 高通流动比率分析

海外市场的购并机会。政策效应孰优孰劣，一时间恐怕还很难评说。

## 7.3 苹果巧用财务杠杆，提升股东报酬率

苹果 2020 财年末负债合计 2586 亿美元，资产负债率达到 79.83%（见图 7-7）。其中，长短期借款及其他长期负债合计 1388 亿美元，占总负债的 53.67%。从商业逻辑上来说，苹果不应当具有如此高的资产负债率。在 2012 年及之前的乔布斯时代，苹果不仅维持了较低的负债率（一般低于 30%），而且几乎没有任何长短期银行借款。

图 7-7　苹果资产负债率分析

2012 年之后，苹果逐步加大了现金分红的比例，并进行了巨额的股票回购，使公司资产负债率水平逐步升高至目前的高位，公司流动比率降低至 1.36（见图 7-8）。

图 7-8　苹果流动比率分析

虽然公司长短期财务风险加大了,但同时公司股东权益报酬率也被推至罕见的 87.87%(下一章将重点讨论)的高位。由此可知,苹果推高资产负债率,更多的是为了降低公司的资本成本,提升公司的股东权益报酬率。也许公司管理层认为,以更大的财务风险来换取更高的股东权益报酬率在现阶段是最符合股东利益的一种权衡。

## 7.4　中兴财务风险平稳化解

中兴 2020 年末负债余额为 1045 亿元,资产负债率为 69.38%(见图 7-9)。虽然公司总体负债水平较上年的 73.12% 有所下降,但由于 2018 年发生巨额亏损(69.49 亿元)和支付美国商务部巨额罚款的阴影尚在,其财务风险要显著高于华为。但其资产负债率在过去两年的持续下降,表明其财务危机的风险正在被化解。

图 7-9　中兴资产负债率分析

其流动比率在过去两年也有明显上升的趋势。如图 7-10 所示，2018 年流动比率下降至 1.05 的历史低位，最近两年逐步提升至 1.44

图 7-10　中兴流动比率分析

的高位。这也表明中兴的财务危机无论从长期还是短期来看，都可以理解为被成功化解。

## 7.5 思科财务相对安全

思科是所有可比公司中财务相对安全的公司，2020财年末负债余额569亿美元，资产负债率为60.02%，较上年65.67%有较大幅度的下降（见图7-11）。虽然思科的资产负债率从指标上来看并不低，但相对于其他同行公司，它则是处在比较安全的低位。而且，思科也存在前述的转回海外利润加大分配力度的影响。由于2018年思科一次性转回了大量的海外利润，并加大了公司现金分红，公司资产大幅度缩水。在负债余额水平略有增长的情况下推高了相对负

图7-11 思科资产负债率分析

债比率，这只是一种技术上的指标变化，并不意味着公司财务状况恶化。过去10年，思科的平均资产负债率仅为50.7%，在所有可比公司中处于较低水平。

思科2019财年资产负债率较高是由于股票回购。其当年负债余额为642亿美元，较上年的656亿美元还有所下降，但资产负债率因为股票回购注销等资产的缩减计划而相对上升。所以，从表面上看，公司财务风险加大了，但由于公司用转回利润偿还了银行债务，2020财年有息负债的水平大幅度下降，短期偿债能力仍然维持在高位（见图7-12），所以，实质上并不存在长期和短期财务风险。

图7-12　思科有息负债占比分析

2020财年末，思科的流动比率随着盈利的留成也回升至1.72，如图7-13所示。

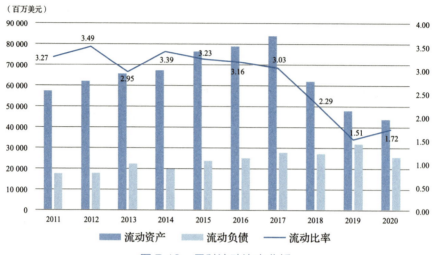

图 7-13 思科流动比率分析

## 7.6 爱立信提升流动性，对冲财务危机风险

爱立信 2020 财年末的负债余额为 1864 亿瑞典克朗，资产负债率为 68.63%（见图 7-14），较上年 70.38% 略有下降，这与其最近

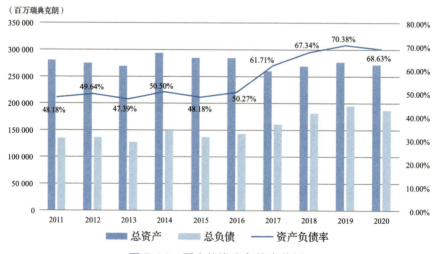

图 7-14 爱立信资产负债率分析

两年的业绩改善关系密切。有息负债包括短期借款、合同负债、长期借款和其他非流动负债余额等共计 411 亿瑞典克朗，占总负债的 22.04%，占比较低。

最近两三年爱立信资产负债率上升，也是因为它 2017 年和 2018 年连续亏损 387 亿瑞典克朗而缩减了资产规模，提高了负债的相对比率，财务风险有所加大。但流动比率维持在 1.31，流动性比较好，短期内应该不会有财务危机或支付困难。

## 7.7 诺基亚财务风险可控

如图 7-15 所示，诺基亚 2020 财年末负债余额为 237 亿欧元，占总资产的 65.34%，较上年 60.64% 有较大幅度的增长。过去 10 年，其平均资产负债率为 61.17%，而且保持相对稳定，这表明公司业绩虽然欠佳（下一章着重讨论），但财务风险仍然控制有度。流动

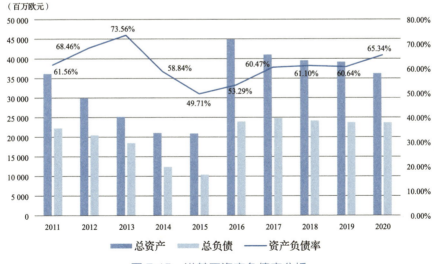

图 7-15 诺基亚资产负债率分析

比率在过去两年有较大幅度回升，2020 财年为 1.55，短期偿债能力处在安全的位置。公司短期借款、其他金融负债、合同负债、长期借款、其他非流动负债等有息负债的占比高达 42.59%，较上年的 35.63% 有较大幅度增长，而且是连续两年增长，表明公司过去两年的财务制度有偏向激进的趋势。

最近两三年华为资产负债率趋于稳健和保守，过去 10 年平均资产负债率为 65.26%，处于行业居中水平。总体上，财务风险控制有度。相比之下，思科财务最为安全。思科过去 10 年平均资产负债率仅为 50.7%。苹果虽然资产负债率高企，但由于其持有大比例的权益及其他投资，所以，资产流动性高，财务风险较小。中兴、爱立信、诺基亚在美国制裁华为前均处于连续亏损状态，资产负债率被逼升高，财务风险加大。但由于华为的发展被遏制，这三家企业的财务状况和业绩在过去三年均有所改善。高通资产负债率虽然畸形，但财务风险较小，只是指标看上去有些怪异（见图 7-16）。

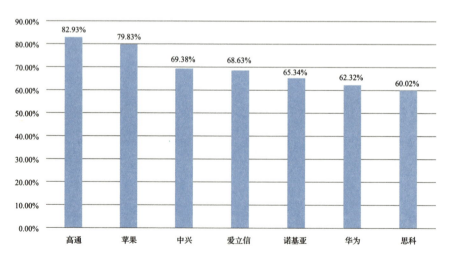

图 7-16 2020 年全球通信业主要企业资产负债率分析

在有息负债方面，华为有意加大了**长期负债**的比例，而且提升了**有息负债**的占比。2018 年之前，华为有息负债占比最低，仅为 15.98%，其中既有议价能力较高的原因，也与华为自身计提大量秘密准备金形成内部负债有关。随着美国制裁的升级，华为有息负债的占比也提升到 25.95% 的高位。其他可比公司有息负债的占比大多在 30% 上下。苹果相对要高一些，达到 53.67%，这或许与它的商业模式无关，只是因为采取了一种信用变现手法，即利用自身信用以较低成本取得资金，并将其用于权益类投资以获取利差。

相较于资金成本而言，华为更加重视融资的风险与渠道。任正非（1998）说："融资部门应站在公司的战略角度看问题，运用投入、产出的原则，建立起框架式模式，扩大融资规模，不要斤斤计较融资成本，公司正处于高速发展的时期，融资工作要明确核心在于融资规模的扩大。同时，要充分利用公司内部现有的资源，加强融资整体化的意识。根据国家的相关政策法规，增加市场的预见性，适时改变一些资金的操作方式，为公司的大发展奠定基础。"[82]

薛云奎<br>成稿于 2019 年 11 月 19 日<br>修改于 2021 年 10 月 6 日

第 8 章

# 当前利润与长期利益的协调

"我们追求在一定利润率水平上的成长的最大化。我们必须达到和保持高于行业平均的增长速度和行业中主要竞争对手的增长速度，以增强公司的活力，吸引最优秀的人才，和实现公司各种经营资源的最佳配置。"（《华为基本法》，1998）[83]

截止到上一章，我们已经讨论了四维分析法的三维：经营、管理与财务。本章将为大家分析华为及其可比公司的业绩。这部分内容主要涉及盈利的质量及其可持续性。任正非（2000）说："华为矢志不渝地追求企业核心竞争力的不断提升，从未把利润最大化作为目标，核心竞争力不断提升的必然结果就是生存、发展能力不断被提升。"[84]

如图 8-1 所示，华为 2020 年实现税后利润 647 亿元，较上年的 627 亿元增长 3.18%。过去 10 年的复合增长率 20.98%，略高于销售收入的复合增长率（17.8%），从前述的分析中可知，这主要得益于公司管理效率包括资产利用效率和费用使用效率的提升。

图 8-1 华为净利润增长分析

接下来我们再看华为利润的主要来源。如图 8-2 所示，2020 年交纳所得税 77 亿元，实际税率为 10.59%，较上年 154 亿元有较大幅度的下降。还原到税前总利润为 723 亿元。从联营/合营公司获得的净利润 1.7 亿元，财务费用 3.67 亿元，政府补助 28 亿元，由此，95% 以上的税前总利润均由主营业务利润贡献。

任正非说："只要我们遵守国家法律，内部机制是健康的、有活力的、和谐的，只要我们认真服务好客户，努力工作，企业把自己的事办好，活下去，向国家和政府多纳税，就是对社会最大的贡献。"[85] 与此同时，**华为在公司内部也禁止不当的税务筹划，禁止以违反税务法规、编造或隐瞒业务信息、扭曲业务活动、滥用税务优惠等方式进行的纳税方案设计**。它在 2016 年《税务规划与筹划管理政策》

图 8-2 华为实际所得税率分析

中明确指出，税务规划应遵从所适用的国际税收法规及税收协定等。其设计原则是要"避免因为显性税务收益而忽略隐性税务成本，避免因为短期税务利益而忽略长期税务负担"[86]。华为过去 10 年累计交纳所得税 710 亿元，平均实际税率为 15.6%。

华为过去 10 年（2011～2020 年）累计税前利润总额为 4552 亿元，各种退税及政府补贴收入扣减各种营业外支出后的净额为 58.93 亿元（递延收益），占税前利润总额的 1.66%；与股权投资相关的净收益为 3.25 亿元。

如图 8-3 所示，2020 年税后净利润为 647 亿元，同期销售收入 8914 亿元，销售净利润率为 7.25%，较 2019 年的 7.30% 略有下降，较制裁前 2018 年的 8.23% 有较大幅度的下降；过去 10 年平均销售净利润率为 7.77%。

任正非（2006）说："考核要关注**销售收入、利润、现金流，三足鼎立**，支撑起公司的生存发展。单纯的销售额增长是不顾一切地疯狂,单纯地追求利润会透支未来,不考核现金流将导致只有账面利润。光有名义利润是假的,**没现金流就如同没米下锅**,几天等不到米运来就已经饿死了。"[87]

图 8-3　华为销售净利润率分析

2020 年,华为经营活动现金净流入 352 亿元,是同期净利润的 0.54 倍,降至有公开年报以来的历史最低水平(见图 8-4)。其中既有美国制裁的原因,恐怕也有手机等消费者业务收入大幅度缩水的原因。消费者业务现金回笼速度比较快,而其他 To B 业务,资金回笼则比较慢。从总体上来看,华为的经营活动现金流是非常充沛的。净利润现金含量倍数在 2019 年为 1.46 倍,过去 10 年累计经营活动现金净流入 5032 亿元,累计净利润为 3842 亿元,平均为 1.31 倍。

2020 年股东权益报酬率为 19.57%(见图 8-5),过去 10 年平均股东权益报酬率为 23.7%,表现相当稳定。

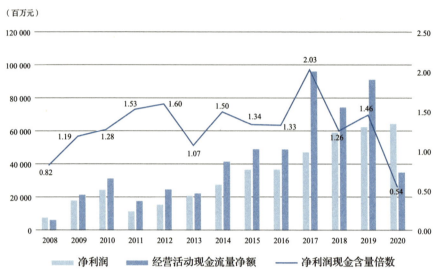

图 8-4　华为净利润现金含量倍数分析

图 8-5　华为股东权益报酬率分析

任正非说:"华为的董事会明确不以股东利益最大化为目标,也不以其相关者(员工、政府、供应商……)利益最大化为原则,而坚持以客户利益为核心的价值观,驱动员工努力奋斗。在此基础上,构筑华为的生存。"[88]

## 8.1 中兴正财不足偏财补

如图 8-6 所示,2020 年,中兴税后净利润为 47 亿元,较 2019 年的 58 亿元下降 18.26%。过去 10 年累计税后净利润为 151 亿元,实际交纳所得税 61 亿元,实际所得税率为 28.75%。

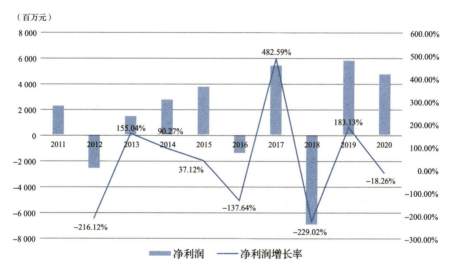

图 8-6 中兴净利润增长率分析

中兴过去 10 年税前利润总额合计为 212 亿元。其中,资产处置损益及各类股权投资公允价值变动净收益 151 亿元,占税前利润总额的 71.21%;各种退税、政府补贴收入扣减各种营业外支出后的净额为 65 亿元,占 30.76%;以上两项合计占税前利润总额的 102.64%。其中包含 2016 年因违反美国政府出口管制条例被处罚的

8.92亿美元赔款（共计人民币62.02亿元）和2018年追加的10亿美元罚款。

2020年，公司销售收入1015亿元，税后净利润47亿元，销售净利润率为4.65%；10年平均销售净利润率仅为1.65%。

中兴1997年上市，首发募集资金254.68亿元，后在我国香港地区首发募资26.88亿港元，2010年在香港市场通过配售募资26.23亿港元。截止到被美国处罚前的2017年，上市21年来（不包括2018年），中兴先后累计实现税后净利润276亿元；即使加上78.53亿元的所得税，利润总额也仅为354.53亿元；上市以来累计现金分红17次，分配现金57.53亿元。由此可以看出，中兴对股东而言，创造的价值相对较低。2020年中兴的股东权益报酬率为10.24%，过去10年平均为4.36%。但净利润现金含量倍数高达2.17倍（见图8-7），过去10年平均为2.2倍，这表明公司绝大部分年份的日常运营仍然处在健康状态。

图8-7 中兴净利润现金含量倍数分析

## 8.2 苹果是全球最大的盈利大户和纳税大户

苹果2020财年税后净利润574亿美元，较2019财年增长3.9%，过去10年的复合增长率为9.24%。2020财年交纳所得税97亿美元。过去10年累计税后净利润4638亿美元，累计交纳所得税1335亿美元，平均所得税率是22.35%，是典型的盈利大户和纳税大户。2020财年销售净利润率高达20.91%（见图8-8），过去10年平均达到22.12%，表明其盈利能力很强。

图8-8 苹果销售净利润率分析

如图8-9所示，苹果2020财年经营活动现金净流入807亿美元，是同期净利润的1.41倍。过去10年平均为1.38倍，表明其净利润有足够的现金净流入支持，具有较高的含金量。

2020财年股东权益报酬率高达87.87%（见图8-10），遥遥领先于华为及其他可比公司。过去10年平均股东权益报酬率为43.17%，同样是遥遥领先于所有竞争对手。

图 8-9　苹果净利润现金含量倍数分析

图 8-10　苹果股东权益报酬率分析

唯一不足的是苹果的发展策略太过稳健保守，大量充裕的现金被投资于以固定收益为主的权益类资产，获利极薄，未能大胆投资于研发，为公司未来发展储备能量。任正非说："大家都看到，资本至上的公司成功的故事非常少。资本是比较贪婪的，如果它一有利益就赶快拿走，就会失去对理想的追求。正因为我们是一家私营企业，所以我们才会对理想有孜孜不倦的追求。"[89]

## 8.3　思科业绩稳定

如表 8-1 所示，思科 2020 财年实现税后净利润 112 亿美元，较 2019 财年 116 亿美元下降 3.5%。交纳所得税 28 亿美元，实际所得税率高达 19.73%。2018 财年其所得税率激增的主要原因是思科转回海外利润一次性补交所得税款。过去 10 年平均销售净利润率为 17.56%，平均净利润现金含量倍数为 1.56，平均股东权益报酬率为 16.33%。这些指标表明思科的业绩也很卓越。

## 8.4　高通净利润含金量高

高通 2020 财年税后净利润为 52 亿美元（见表 8-2），这应当是高通的正常盈利水平。2018 财年之所以发生亏损，是因为转回海外利润一次性补交所得税 52.36 亿美元。过去 10 年，高通平均销售净利润率为 19.09%，这表明其产品在市场上具有较高的独占性。净利润与经营活动现金净流入的比值为 1.46，表明公司利润具有很高的含金量。过去 10 年平均股东权益报酬率为 17.94%，与思科非常接近。这也表明它是一家业绩非常不错的公司。

表 8-1　思科财务业绩汇总表

金额单位：百万美元

| 项目 | 2011 | 2012 | 2013 | 2014 | 2015 | 2016 | 2017 | 2018 | 2019 | 2020 | 合计 |
| --- | --- | --- | --- | --- | --- | --- | --- | --- | --- | --- | --- |
| 净利润 | 6 490 | 8 041 | 9 983 | 7 853 | 8 981 | 10 739 | 9 609 | 110 | 11 621 | 11 214 | 84 641 |
| 所得税 | 1 335 | 2 118 | 1 244 | 1 862 | 2 220 | 2 181 | 2 678 | 12 929 | 2 950 | 2 756 | 32 273 |
| 税前利润 | 7 825 | 10 159 | 11 227 | 9 715 | 11 201 | 12 920 | 12 287 | 13 039 | 14 571 | 13 970 | 116 914 |
| 实际所得税率 | 17.06% | 20.85% | 11.08% | 19.17% | 19.82% | 16.88% | 21.80% | 99.16% | 20.25% | 19.73% | 27.60% |
| 经营活动现金净流入 | 10 079 | 11 491 | 12 894 | 12 332 | 12 552 | 13 570 | 13 876 | 13 666 | 15 831 | 15 426 | 131 717 |
| 销售净利润率 | 15.02% | 17.46% | 20.54% | 16.66% | 18.27% | 21.81% | 20.02% | 0.22% | 22.39% | 22.75% | 17.56% |
| 净利润现金含量倍数 | 1.55 | 1.43 | 1.29 | 1.57 | 1.4 | 1.26 | 1.44 | 124.24 | 1.36 | 1.38 | 1.56 |
| 股东权益报酬率 | 13.73% | 15.67% | 16.88% | 13.86% | 15.04% | 16.89% | 14.53% | 0.25% | 34.62% | 29.57% | 16.33% |

注：本表中相对数值如实际所得税率、销售净利润率、净利润现金含量倍数、股东权益报酬率为平均值而非合计值。

表 8-2 高通财务业绩汇总表

金额单位：百万美元

| 项目 | 2011 | 2012 | 2013 | 2014 | 2015 | 2016 | 2017 | 2018 | 2019 | 2020 | 合计 |
|---|---|---|---|---|---|---|---|---|---|---|---|
| 净利润 | 4 260 | 6 109 | 6 853 | 7 967 | 5 271 | 5 705 | 2 466 | -4 864 | 4 386 | 5 198 | 43 351 |
| 所得税 | 1 132 | 12 279 | 1 349 | 1 244 | 1 219 | 1 131 | 555 | 5 377 | 3 095 | 521 | 27 902 |
| 税前利润 | 5 687 | 6 562 | 8 194 | 8 778 | 6 487 | 6 833 | 3 020 | 513 | 7 481 | 5 719 | 70 274 |
| 实际所得税率 | 19.91% | 19.49% | 16.46% | 14.17% | 18.79% | 16.55% | 18.38% | 1 048.15% | 41.37 | 9.11 | 39.70% |
| 经营活动现金净流入 | 4 900 | 5 998 | 8 778 | 8 887 | 5 506 | 7 400 | 4 693 | 3 895 | 7 286 | 5 814 | 63 157 |
| 销售净利润率 | 30.45% | 27.63% | 27.53% | 28.44% | 20.84% | 24.21% | 11.06% | -21.04% | 18.07% | 22.09% | 19.09% |
| 净利润现金含量倍数 | 1.08 | 1.14 | 1.28 | 1.18 | 1.05 | 1.30 | 1.90 | -0.80 | 1.66 | 1.12 | 1.46 |
| 股东权益报酬率 | 16.89% | 15.75% | 18.97% | 19.24% | 16.77% | 17.95% | 8.02% | -524.14% | 89.35% | 85.54% | 17.94% |

注：本表中相对数值如实际所得税率、销售净利润率、净利润现金含量倍数、股东权益报酬率平均值而非合计值。

## 8.5 诺基亚维持公司正常运营

诺基亚则没有那么幸运，如表8-3所示，2020财年亏损25亿欧元，自2016年以来，除2019年微利之外，其余财年均亏损。过去10年累计亏损83亿欧元，只是仍然保持了经营活动现金净流入8.59亿欧元，维持了公司正常经营。

## 8.6 爱立信盈利"压力山大"

爱立信2020财年盈利176亿瑞典克朗，很可能是因为意外得到华为被制裁后的新的市场份额。如表8-4所示，爱立信在华为被制裁前的2017财年和2018财年连续亏损，2017财年亏损324亿瑞典克朗，2018财年亏损63亿瑞典克朗。过去10年累计实现净利润373亿瑞典克朗，但平均销售净利润率仅为1.65%，实现经营活动现金净流入1675亿瑞典克朗，平均净利润现金含量倍数高达4.49。这表明公司经营虽然微利，但活跃、现金流充沛，只是盈利压力巨大。过去10年，平均股东权益报酬率仅为3.11%。

总体上，华为的财务业绩虽不及苹果和思科，但综合表现很卓越。这或许与任正非秉持的"不为短期的利益所动"的价值观有关。任正非（2000）说："公司不为短期的利益所动，紧紧地围绕着企业核心竞争力进行经营管理，一些不利于提升企业核心竞争力的事华为坚决不做，在一些与企业核心竞争力不相关的利润面前，华为是经得住诱惑的。可以说，为了核心竞争力，华为失去了很多机会与利益，但如果没有核心竞争力，我们将永久地失去发展的机会。对于华为来讲，我们现在可选择的机会确实很多，但只有无所为，才

表8-3 诺基亚财务业绩汇总表

单位：百万欧元

| 项目 | 2011 | 2012 | 2013 | 2014 | 2015 | 2016 | 2017 | 2018 | 2019 | 2020 | 合计 |
|---|---|---|---|---|---|---|---|---|---|---|---|
| 净利润 | -1 488 | -3 789 | 41 | 1 171 | 1 194 | -912 | -1 437 | -549 | 18 | -2 513 | -8 264 |
| 所得税 | -290 | -1 145 | -202 | 1 408 | -346 | 457 | -927 | -189 | 138 | -3 256 | -4 352 |
| 税前利润 | -1 198 | -2 644 | 243 | -237 | 1 540 | -1 369 | -510 | -360 | 390 | 1 759 | 5 503 |
| 实际所得税率 | -24.21% | -43.31% | 83.13% | 594.09% | 22.47% | 33.38% | -181.76% | -52.50% | 88.46% | -438.22% | -119.69% |
| 经营活动现金净流入 | 1 137 | -354 | 72 | 1 275 | 507 | -1 454 | 1 811 | 360 | 18 | -2 513 | 859 |
| 销售净利润率 | -3.85% | -12.56% | 0.32% | 9.20% | 9.55% | -3.86% | -6.21% | -2.43% | 0.08% | -11.50% | -3.73% |
| 净利润现金含量倍数 | -0.76 | 0.09 | 1.76 | 1.09 | 0.42 | 1.59 | -1.26 | -0.66 | 21.67 | -0.7 | -0.10 |
| 股东权益报酬率 | 10.69% | -40.11% | 0.62% | 13.51% | 11.35% | -4.35% | -8.86% | -3.57% | 0.12% | 20.03% | -6.37% |

注：本表中相对数值如实际所得税率、销售净利润率、净利润现金含量倍数、股东权益报酬率为平均值而非合计值。

表 8-4　爱立信财务业绩汇总表

单位：百万瑞典克朗

| 项目 | 2011 | 2012 | 2013 | 2014 | 2015 | 2016 | 2017 | 2018 | 2019 | 2020 | 合计 |
|---|---|---|---|---|---|---|---|---|---|---|---|
| 净利润 | 12 569 | 5 938 | 12 174 | 11 143 | 13 673 | 1 012 | -32 433 | -6 276 | 1 840 | 17 623 | 37 263 |
| 所得税 | -5 552 | -4 244 | -4 924 | -4 688 | -6 199 | -1 882 | 3 525 | -4 813 | -6 922 | -9 589 | -45 288 |
| 税前利润 | 18 121 | 10 182 | 17 098 | 15 811 | 19 872 | 2 894 | -35 958 | -1 463 | 8 762 | 27 212 | 82 531 |
| 实际所得税率 | 30.64% | 41.68% | 28.80% | 29.65% | 31.19% | 65.03% | 9.80% | -328.98% | 79.00% | 35.24% | 54.87% |
| 经营活动现金净流入 | 9 982 | 22 031 | 17 389 | 18 702 | 20 597 | 14 010 | 9 601 | 9 342 | 16 873 | 28 933 | 167 460 |
| 销售净利润率 | 5.54% | 2.61% | 5.35% | 4.89% | 5.54% | 0.46% | -15.79% | -2.98% | 0.81% | 7.58% | 1.65% |
| 净利润现金含量倍数 | 0.79 | 3.71 | 1.43 | 1.68 | 1.51 | 13.84 | -0.30 | -1.49 | 9.17 | 1.64 | 4.49 |
| 股东权益报酬率 | 8.78% | 4.34% | 8.68% | 7.72% | 9.33% | 0.75% | -33.46% | -7.22% | 2.23% | 20.69% | 3.11% |

注：本表中相对数值如实际所得税率、销售净利润率、净利润现金含量倍数、股东权益报酬率为平均值而非合计值。

能有所为，我们所为的标准只有一条，这就是不断地提升公司的核心竞争力。有了核心竞争力，我们还可以干许许多多的事情；失去了核心竞争力，我们将一事无成。所以，我们一直在减少自己的多余动作。"[90]

在上述可比公司中，如图 8-11 所示，苹果是盈利大户，10 年累计盈利 4638 亿美元，位居第一；思科 846 亿美元，位列第二；华为税后净利润 3842 亿元人民币，居第三；高通 434 亿美元，位列第四；爱立信 373 亿瑞典克朗，排第五；中兴 151 亿元人民币，位列第六；诺基亚累计亏损 83 亿欧元，排末位。就股东权益报酬率而言，华为仅次于苹果，位列第二。所以，就现状与发展实力而言，华为已然超越思科直追苹果，并且要远远领先于其他可比公司。从业绩方面来看，诺基亚、爱立信和中兴基本上已处于盈亏持平或亏损状态，只是它们保持了较好的现金流和加大力度的研发投入，才

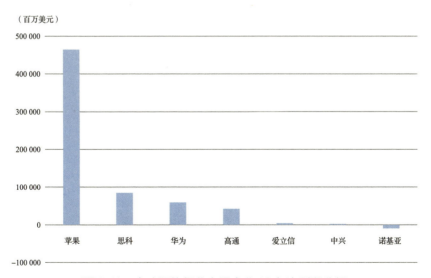

图 8-11　全球通信行业主要企业 10 年净利润分析

得以维持正常经营。但它们要摆脱目前的微利或亏损局面，仍然任重道远。

以上就是当前全球通信设备制造业主要企业财报分析的全部结论。

薛云奎

成稿于 2019 年 11 月 21 日

修改于 2021 年 10 月 7 日

# 第9章

# 万般神通皆小术，唯有空空是大道

"商业活动的基本规律是等价交换。如果我们能够为客户提供及时、准确、优质、低成本的服务，我们也必然获取合理的回报，这回报有些表现为当期商业利益，有些表现为中长期商业利益，但最终都必须体现在公司的收入、利润、现金流等经营结果上。那些持续亏损的商业活动，是偏离和曲解了以客户为中心的。"（《变革的目的就是要多产粮食和增加土地肥力》，2015）[91]

前述章节，我们系统分析了全球通信设备制造业主要企业过去10年甚至更长时间的财报，了解了行业发展的历史和现状，以及目前竞争格局的演进，同时，对这些企业的核心竞争优势和短板，以及与华为之间的不同也有所了解。本章将着重与大家分享华为的成功之道。

关于华为的成功，本章总结了四个核心要素，其中既有根据财报分析结论的延伸和推论，也有由大量任正非的讲话引发的作者个人的思考。这些见解不一定正确，放在这里，目的是为大家提供更多的参考角度。

## 9.1 共享

**共享，是华为成功的第一个核心要素**。任正非说："华为成功有各种各样的因素，其中重要因素之一就是两个字——共享，共享发展的财富成果，同时也分享安全感，分享权力，分享成就感。把钱分好，把权分好，把名分好，这是相当重要的。"[92] 他说："钱分好了，管理的一大半问题就解决了。"[93]

华为员工持股计划，是最具代表性的共享文化。如图 9-1 所示，根据 2020 年年报，华为持股员工的比例达到 61.56%。过去 10 年，

图 9-1　华为 2009～2020 员工及持股员工变化分析

这一比例基本维持在50%上下，2017年最低，曾下降到44.90%，近两年又有所回升，图中比例最高的年份是2009年，达到64.69%。员工持股比例的高低，据说与特定的法律背景有关。由于部分海外员工受法律限制不能持股，或者只能持有有时间限制的虚拟股份——只享有分红权，而没有决策权，所以，持股比例也会受员工构成变化的影响。

任正非（2017）说："我们有8万多股东，全是员工，没有一个非员工，我的股票最多，百分之一点四几。所以这样的话呢，有些方面可能有误解，但是我认为只要我们坚持努力，身份最终总会被证明的吧，没有必要费这个精力去解释身份，最后放弃了生产，放弃了销售，放弃了赚钱。"[94] 他说："人与人之间的所有合作实际上还是利益分配问题。如果我们当初只想个人富裕的话，那么我们的朋友就会更少一些，我们的战斗力就更小一些，我们的利润也就更低一点。我们可分配的百分比很大，但基数很小，其相乘的结果是很小的。因此，我们的目的是**把蛋糕做大，百分比调小，从而符合'利益均沾'的原则**。"[95]

华为通过上述员工持股计划，建立起了"员工个人收入与公司整体效益联动的价值分配制度。在效益好时要敢于扩张，共同负责；在受到挫折时，要共同忍受。通过这种张弛，把压力传递到流程的每个环节与每一个员工"。[96]

华为所创立的这种员工持股结构，是当今世上独一无二的公司治理结构。正如任正非所言，华为的股份100%由员工持有，持股员工选举产生115名持股员工代表，持股员工代表会选举产生董事长和其他16名董事，董事会选举产生4名副董事长和3名常务董事。

任正非（2019年1月15日）说："我们公司有96 768名持股员

工，前几天也就是 1 月 12 日，在 170 个国家、416 个投票点完成了新一届持股员工代表的选举，这个选举过程历时一年，先是对治理章程的宣传，让员工明白公司的治理架构是什么。"[97]

根据我们在年报中掌握的数据，截止到 2020 年底，华为员工数量为 19.7 万人，持股员工数量 12.12 万人。任正非作为自然人股东持有公司股份，同时参与员工持股计划。所以，严格说来，无论任正非持股多少，华为只有两个股东：一个是任正非，作为自然人股东；另一个就是员工持股会。截至 2020 年 12 月 31 日，任正非的总持股比例约等于华为总股本的 0.9%。

2019 年 1 月 15 日任正非接受记者采访时说："今天，我个人在华为持有股票占总股数为 1.14%，我知道乔布斯的持股比例是 0.58%，说明我的股权数量继续下降应该是合理的，向乔布斯学习。"[98]

华为共享文化的另一个重要标志是它的轮值董事长制度。轮值董事长由其中 3 名副董事长轮流担任，以轮值方式主持公司董事会和常务董事会。董事会行使公司战略与经营管理决策权，是公司战略、经营管理和客户满意度的最高责任机构。当值任期为每人 6 个月，目前的轮值董事长分别为郭平、徐直军和胡厚崑。

如果说"资本"是推动资本主义文明进步的力量，那么，"劳动"便是建立社会主义财富分配制度的基石。而华为的分配体系的基石既不是单纯的资本，也不是纯粹的劳动。**它在劳动、知识、企业家和资本之间建立了某种新的平衡**，似乎吸收了两种制度的"能量"。任正非说："在华为公司，一个突破性的观点就是认为劳动、知识、企业家和资本共同创造了企业的全部价值。"[99] 这突破了一般意义上的资本主义经济学理论，也突破了劳动创造价值的理论，并由此引出了个别媒体对华为身份的猜疑。

任正非既是华为的个人自然人股东,也参与了公司员工持股计划,所以,外界对华为的股权及其结构都感觉很神秘,因为华为成立这么多年,它的发展路径与绝大多数西方企业所走的路完全不同。许多世界级公司,有的是在成立之初便选择了上市,有些是走在半道上选择成了公众公司。而华为一直坚持员工持股计划,一路走到今天,它仍然是一家未上市的民营公司。所以,华为的这个员工持股计划无论在中国还是西方人们都感觉很神秘,曾经有不同的记者多次问到任正非这个问题。

任正非说:"做老板的人,一定要把最基本的东西想明白。第一,财富这个东西越散越多;第二,**权力、名声都是你的追随者赋予你的,假使哪一天你的追随者抛弃你,你的权力、你的所谓成就感、你的所谓聚光灯下的那些形象乃至财富,都会烟消云散,甚至灰飞烟灭**。"[100] 任正非说:"只有极少数人是拥有超我意识的使命主义者,乔布斯是,我任正非大概也属于这一类人。"[101]

## 9.2 专注

如果说"共享"是华为成功最核心的要素,那么,"专注"就是华为成功的次重要因素。任正非在2012年常务董事会民主生活会上提出:"要集中精力,在主航道、主战场上建立优势地位,决不轻言横向发展,削弱垂直进攻的力量。在清晰的战略目标架构下,以垂直业务整合为中心,一定要提高效率。只有在有效增长、提高盈利的基础上,才有可能战略夯实长期优势的基础。"[102]

什么叫"主航道"?任正非说:"世界上每个东西都符合正态分布,我们只做正态分布中间那一段,别的不做了,说那个地方很赚钱我们也不做，也卖不了几个。我们就在主航道、主潮流上走，有流量就有胜利的机会。"[103] 2019年2月18日，任正非在回应BBC记者采访时说："在科研投资上，我们是全世界前五名，聚焦在这个投入上，我们就获得了成功。"[104]

虽然华为十分强调研发投入和技术创新，但正如前述章节所强调的，它不是一家"唯技术论"的公司，这正是华为的与众不同之处。任正非在2012年"在网络能源产品线汇报会上的讲话"中指出："我们必须要聚集在一个主航道上，是以**价值**为中心，而不是以**技术**为中心。"[105] 他在2014年"与消费者BG管理团队午餐会上的讲话"中进一步明确："我们的价值评价体系要改变过去仅**以技术为导向**的评价，大家都要**以商业成功为导向**。消费者BG已经进入公司主航道了，但主航道是要创造价值的，价值并不仅仅是技术领先。"[106]

根据2020年年报，华为已经成为全球持有专利数量最多的企业之一，在全球累计获得授权专利超过10万件。任正非说："世界上做5G的厂家就那么几家，做微波的厂家也不多。能够把5G基站和最先进的微波技术结合起来，世界上只有华为一家能做到。"[107]

如图9-2所示，2010年华为拥有的专利授权数量为17 765件，2020年超过10万件。2020年底，华为的商誉及无形资产余额为92亿元人民币，其中大部分是软件、专利权、特许权使用费和商标使用权及其他。由于华为购并较少，商誉资产余额仅为42亿元。

2014年，任正非在日本研究所工作汇报会上说："公司赚钱越多，投入未来越多，战略竞争力越强，就赚得越多，就能吸引世界各国的优秀'蜂子'进来，然后我们就会有更强的竞争力，赚更多的钱，引进更多的'蜂子'，战略竞争力更强！"[108]

图 9-2 华为授权专利数量

2016 年 5 月,任正非在与 Fellow 座谈会上说:"苹果公司很有钱,但是太保守了;我们没有钱,却装成有钱人一样疯狂投资。我们没钱都敢干,苹果公司那么有钱,为什么不敢干呢?如果苹果公司继续领导人类社会往前走,我们可以跟着他们走;如果苹果公司不敢投钱,就只能跟着我们,我们就会变得像苹果公司一样有钱。"[109] 任正非说:"我们很简单的,为人类进入信息社会而奋斗。"[110]

由此可以看出苹果与华为的不同:苹果是把赚钱当成目标,而华为则把企业当事业,把赚钱看成顺便的事。任正非说:"我们每年研发经费的投入已经达到 150 亿~200 亿美元,未来五年总研发经费会超过 1000 亿美元。资本公司是看好一个漂亮的财务报表,我们看好的是未来的产业结构,因此我们的决策体系是不一样的。"[111] 从财报来看,也确实如此。华为 2020 年税后利润 647 亿元人民币,约 100 亿美元,但研发投入有 1418 亿元人民币。相比之下,苹果税后利润 574 亿美元，而投入研发的经费仅有 188 亿美元。

如果说世界上还存在把企业当成事业而不是生意来做的典范，那么，我首推华为。

## 9.3　超越

"开放、妥协、灰度是华为文化的精髓，也是一个领导者的风范"，[112] 这是《以客户为中心》的主编黄卫伟教授的提炼和总结。但我认为，与其说"开放"是华为文化的精髓，还不如说"开放"只是手段，"开放"的背后是为了实现自我"超越"。所以，"超越"才是华为文化真正的精髓。

为实现自我超越，华为在学习西方先进管理方面，坚持的一贯方针是"削足适履"。在我们自小接受的教育中，"削足适履"一直被当成不合理地迁就、凑合或不顾具体条件地生搬硬套，带有强烈的贬义。但看了任正非的解读，犹如醍醐灌顶。

1998 年，任正非在《我最痛恨聪明人》一文中说："**所谓'削足适履'，不是坏事，而是与国际接轨**。我们引进了一双美国新鞋，刚穿总会夹脚。我们一时又不知如何使它变成中国布鞋。如果我们把美国鞋开几个洞，那么这样的管理体系我们也不敢用。因此，在一段时间里我们必须削足适履。"[113]

1999 年，任正非在《学习 IPD 内涵，保证变革成功》一文中进一步指出："世界上还有非常好的管理，但是我们不能什么管理都学，什么管理都学习的结果只能是一个白痴。因为这个往这边管，那个往那边管，综合起来就抵消为零。所以我们**只向一个顾问学习，只学一种模型**。我们这些年的改革失败就是老有新花样、新东西出来，然后一样都没有用。因此我认为踏踏实实,沉下心来,就穿一双美国鞋。**只有虚心向他们学习,我们才能战胜他们。**"[114]

任正非据他自己描述是一个性格很内敛的人,而华为却个性张扬。2019年2月15日他在接受BBC采访时说:"其实华为公司从来就是很张扬的,在外面张牙舞爪的,包括余承东、徐直军……我这个人是很羞涩的,不善于跟很多陌生人在一起交流沟通,我善于仔细研究我的文件。我太太问我'你到底爱什么',我说'我爱文件'。为什么爱文件?我说文件里面充满了哲学,充满了逻辑,充满了东西,文件写出来、发出去以后,三五年大家都没有看到文件有什么影响,三十年后一看,这个公司队伍走得那么整齐,这就是哲学、逻辑和管理带来的东西。因此我希望将更多的精力用在内部,而不是外部。所以,我就没有做董事长。"[115]

在任正非的眼里,"董事长要承担工商登记的责任,要签这个文件、那个文件,那都是杂事,都是打杂,跟清洁工一样,这不是我愿意做的。我愿意做的就是万事都不管,就管这个公司,这是我的性格使然"。[116]

他说:"(华为)其实就是学习了两个文化:一是英国的文化,把主干文化一定要管得很清晰、很标准;二是向美国学习,把末端文化弄得很开放,允许开放、允许竞争。"[117]

任正非在2015年1月22日瑞士达沃斯论坛上与BBC主持人对话时,主持人问他:"美国是给你比较多困难的一个市场,你认为公平吗?你可能会离开美国市场吗?"他回答说:"我从来就没有认为美国对我们不好,怎么不公平,我也从来不这么认为。美国这个国家200年来,从一个很弱小的状况,变成世界第一大国,它第一就是开放。华为要向它学习的就是开放,用广阔的心胸融入这个世界,这样的话才会有未来。"[118]

任正非在2008年发表的《逐步加深理解"以客户为中心，以奋斗者为本"的企业文化》一文中指出："**一个不开放的文化，不会努力吸取别人的优点，逐渐就会被边缘化，是没有出路的**。一个不开放的组织，迟早也会成为一潭死水。"[119] 他在讲话中说："资本主义就是因为开放走向成功，中国以前闭关自守没有成功，所以我们也要走向开放。"[120]

2012年，任正非在BG战略务虚会上讲："我们为什么强调开放？因为这个世界太大了，太平洋这个管道太粗了，未来没有一家能垄断这个世界，不开放就是死路一条。为什么有人不愿意开放？就是被既得利益绑架了……不要说我们是弱者，我们是强者也要开放，开放后我们什么优势都没有了，没有优势了就逼着我们自己必须努力，结果反而我们会有优势。"[121]

让我们再回到任正非在达沃斯论坛上的讲话，"美国在电子信息技术上，过去是绝对的强势，而且，未来几十年还会是相对的优势。华为这棵小草，不可能改变时代列车的轨道，但是我们这棵小草在努力成长。当然我们也希望自己脱胎换骨，从草变成小树苗，在这一点上，现在我们正在努力向西方学习各种管理的东西，正在改变自己，那么，我们的改变有没有可能成功呢？还看我们自己。所以我们真正碰到的最大敌人，不是别人，而是我们自己"。[122]

这让我想起老子《道德经》里面的一段话，以前一直不知道要用怎样的场景来解读这段文字，读完任正非的这段话，我豁然开朗，发现用在这里或许最为合适。《道德经》第33章这样描述："知人者智，自知者明。**胜人者有力，自胜者强**。知足者富。强行者有志。不失其所者久。死而不亡者寿。"[123] 在现实生活中，**我们每个人所碰到**

**的最大敌人不是别人，而是我们自己**。只要我们能够像任正非一样，客观、理性地认识自己，超越自己，我们才有机会成为一名强者。然而，要做到这一点，首先要敢于放下我们自己。

## 9.4 狼文化

华为有丰富的企业文化。有关华为"狼文化"的讨论，文献也很多。任正非说："我们华为永远都是狼文化。狼主要是嗅觉很灵敏，闻到有肉了，赶快往外冲，这是第一点。第二点，狼不是一个人（一只狼）去吃肉，是带着一个狼群去吃肉。第三点，就算吃这个肉有困难，它们也不屈不挠。"[124]

不过，一群狼一起去吃肉，最大的困难就是分配问题。"一个企业的经营机制，说到底就是一种利益的驱动机制。企业的价值分配系统必须合理，价值分配系统要合理的必要条件是价值评价系统必须合理，而价值评价系统要合理，价值评价的原则以及企业的价值观系统、文化系统必须是积极的、蓬勃向上的。"[125] 如果一个组织没有建立起这样的一个体系，"狼群"自然也就会随着时间推移而土崩瓦解。

任正非说：**"客户的利益所在，就是我们生存与发展最根本的利益所在。我们要以服务来定队伍建设的宗旨，以客户满意度作为衡量一切工作的准绳。"**[126]

至于华为文化为什么要以奋斗者为本，任正非说："资源是会枯竭的，唯有文化才会生生不息。一切工业产品都是人类智慧创造的。华为没有可以依存的自然资源，唯有在人的头脑中挖掘出大油田、大森林、大煤矿……"[127] 他说："**一切努力的源，是企业的核心价值观**。这些核心价值观要被接班人所确认，同时接班人要有自我批判能力。接班人是用核心价值观约束、塑造出来的，这样才能使企业长治久安。"[128]

"以客户为中心，以奋斗者为本"确立了"狼文化"的两个支点，是华为在经历了长期的艰难曲折后悟出的道理，是华为文化的真实体现。但真正完善"狼文化"的，是增加了"长期艰苦奋斗"的第三个支点。任正非说："繁荣的背后都充满着危机。这个危机不是繁荣本身的必然特性，而是处在繁荣包围中的人的意识。**艰苦奋斗必然带来繁荣，繁荣以后不再艰苦奋斗，必然丢失繁荣**。千古兴亡多少事，悠悠，不尽长江滚滚流。历史是一面镜子，它给了我们多少深刻的启示。忘却过去的艰苦奋斗，就意味着背弃了华为文化。"[129]

"以奋斗者为本，其实也是以客户为中心。把为客户服务的好员工，作为企业的中坚力量，并一起分享贡献的喜悦，就是促进亲客户的力量成长。"[130] "从企业活下去的根本来看，企业要有利润，但利润只能从客户那里来。华为的生存本身是靠满足客户需求，提供客户所需的产品和服务并获得合理的回报来支撑；员工是要给工资的，股东是要给回报的，天底下唯一给华为钱的，只有客户。我们不为客户服务，还能为谁服务？客户是我们生存的唯一理由。既然决定企业生死存亡的是客户，提供企业生存价值的是客户，企业就必须为客户服务。因此，**企业发展之魂是客户需求，而不是某个企业领袖**。"[131]

"长期艰苦奋斗，也是以客户为中心。你消耗的一切都是从客户那里来的，你无益的消耗就增加了客户的成本，客户是不接受的。你害怕去艰苦地区工作，害怕在艰苦的岗位工作，不以客户为中心，那么客户就不会接受、承认你，你的生活反而是艰苦的。当然，我说的**长期艰苦奋斗是指思想上的，并非物质上的**。"[132] "我和美国、欧洲公司的创始人在一起聊天，发现他们领导人的文化也是艰苦的，真正想做将军的人，是要历经千辛万苦的。"[133]

　　看过很多有关华为的书和文章，不同的作者站在不同立场上总结了很多华为的成功之道。华为的确有很多值得总结、提炼、学习和借鉴的地方，只不过"仁者见仁、智者见智"，差别在于每个人对成功的定义或许都会有认知上的不同。作者的结论自然也有别于其他，因为作者对华为的认知是建立在对华为及其可比公司 10 年财报分析的基础之上的。通过分析这些财报，我们发现，虽然华为的经营、管理、财务和业绩都有不俗的表现，但这最多只是华为的成绩单而非奋斗的过程，是结果，而不是动因。所以，我们有必要透过任正非的经营管理思想来剖析华为成功的秘密。

　　任正非在达沃斯论坛上说："华为没有秘密，任何人都可以学。华为也没有什么背景，也没有什么依靠，也没有什么资源，唯有努力工作，才可能获得机会。"[134] 由此，在任正非的眼里，华为成功的秘密就是努力工作，没有其他原因。

　　华为没有成功的秘密本身就是秘密。也许我们可以从任正非在 2019 年初回应 BBC 采访时所讲的话里得到一些启发。他说："由于美国不断地质疑我们，挑剔我们，**逼我们把自己的产品、服务做得更好**，客户更喜欢我们。只有客户更喜欢我们，才会克服重重困难来购买我们的产品。所以，我们不会因为美国对我们的质疑或者更多国家对我们的质疑就感到恐慌，我们会根据它（或它们）所说的问题，该改进的地方还是要改进。"[135]

　　关于华为未来成功要素，任正非这样表述，"华为公司未来的胜利保障，主要是三点要素：第一，要形成一个坚强、有力的领导集团，并且这个核心集团要听得进批评。第二，要有严格、有序的制度和规则，这个制度与规则是进取的。什么叫规则？就是确定性，以确定性应对不确定性，用规则约束发展的边界。第三，要拥有一个庞大的、勤劳勇敢的奋斗群体，这个群体的特征是善于学习"。[136]

《华尔街日报》记者在2019年1月15日"国际媒体圆桌"上问任正非，未来作为公司CEO的接班人是谁。任正非回答道："不知道，在循环更替中自然会产生，这不是我指定的，因为我不是沙特（沙特阿拉伯）国王。"[137]

本篇所有华为的财报分析就要结束了，华为的财报表现是卓越的，但华为的文化和任正非的智慧也许并没有完全在财报中体现。"一个企业怎样才能长治久安（长久发展），这是古往今来最大的一个问题。"还有很多财报之外的精彩故事和闪光智慧值得众多企业去借鉴。本章所分享的华为成功之道只是"九牛一毛"，可能远未触及华为成功的根本，只是在它的外面绕圈子。虽然这部分内容的重点是深度解析华为的成功之道，但也只是对任正非管理思想"一鳞半爪"的堆砌。任正非在创办华为30多年的过程中，积累了大量的讲话和文献，其中蕴藏了他的人格魅力和闪光的商业智慧，如果大家有兴趣，推荐大家好好学习与借鉴，**他的商业思想光辉会照耀一个时代，一定会令你在自己的商业实践中受益**。

薛云奎
成稿于2019年11月29日
修改于2021年11月9日

# PART II

## 下篇 / 中国家电业的全球竞争

# 导　　读

　　上篇为大家分享了华为的成长及其在全球通信市场上的地位。本篇将要讨论的中国家电企业，虽然没有华为那样的华丽与波澜壮阔，但所要分享的故事同样动人心魄。家电制造，作为中国制造的代名词，它见证了中国自改革开放以来从落后的农业国一跃成为全球最大的制造业中心的发展奇迹。没有中国家电业的成功，或许也就没有当今中国制造的成功。

　　以美的、格力、海尔为代表的中国家电企业，在全球家电市场已处于领先地位。如上篇的案例分析一样，我们将通过四维分析法来系统解读具全球代表性的家电企业的 10 年财报，这些企业包括但并不限于美的、格力、海尔，以及根植于欧洲市场的伊莱克斯（Electrolux AB）和根植于美洲市场的惠而浦，以此来了解这些企业各自的竞争优势和短板，并深入、系统地剖析中国家电企业在过去40年的成长经历，包括公司经营的成长、管理的效率、财务风险的控制，以及公司治理结构的演变。我希望这些分析有助于我们恰当地理解这些公司的内在投资价值，以及它们的成功原因。

中国家电业从零起步，经过近40年的发展，美的、格力、海尔在收入规模上已位列全球前三。也许，中国家电业进入世界排名并不奇怪，但世界前三名均来自中国，可能多少有些令人意外。中国改革开放40多年，已然成为世界第二大经济体，在某种程度上，中国家电业的崛起，也代表了中国制造业在世界舞台上的崛起。因此，分析以美的、格力、海尔为代表的中国家电业的成功之道，也是对中国改革开放成就的一种总结和提炼。我希望本篇的分析能带给大家对中国家电业乃至中国制造业的重新认识和定位，能带给大家对中国在全球范围内江湖地位的重新思考。

与全球通信市场所不同的是，家电制造不如通信设备那么高端和日新月异，已逐步沦为发达国家企业放弃的传统产业。如日本的东芝、日立、三菱、夏普等，都已逐步放弃家电，转投其他行业。欧洲的西门子被卖给了博世集团成为博西家电的一部分，飞利浦家电被卖给了中国的高瓴资本，美国通用家电（GEA）被卖给了中国海尔，这些曾经的家电霸主，都正在退出家电经营。而中国家电业乘着中国改革开放的东风，借助巨大的潜在消费市场和便宜的劳动力，从千军万马中突出重围。虽然优胜劣汰的过程是残酷的，但已经成长为巨人的美的、格力和海尔，为我们留下了宝贵的经验。它们的成长，见证了中国改革开放的奇迹，对我们恰当地诠释当今中国企业的崛起具有多重的借鉴意义。

"荒兮其未央"，这是对改革开放之初的中国最直白的描述。一张白纸，可以画最新最美的图画。明清时期的闭关锁国政策，使中国基本上与现代工业文明绝缘，错失了宝贵的发展机会。1978年，我国开始实行改革政策，一批又一批的企业诞生了，一批又一批的企业倒下了，一批又一批的企业家站了起来，一批又一批的企业家又倒下了……长江后浪推前浪。在大浪淘沙之下，总有一批优秀的、卓越的企业家和他们的企业沉淀了下来，成就了独属于这个时代的传奇。"发展才是硬道理"，在包容中成长，他们虽然并不完美，但完美地书写了中国改革开放的历史，赋予了这个时代人们对成功的定义，为人类商业文明史展开了一幅绚丽多姿的历史画卷。

生长在这个时代是幸运的，生长在这个特殊时代背景下的中国企业家更是幸运的。我们是这个时代的见证者，也是这个时代的参与者。借用福耀玻璃曹德旺的一句话："没有改革开放就没有我，没有改革开放就没有福耀。""虽然我捐了百把亿，还有百把亿，什么时候花完？我不是为了钱，也不是为了享受，而是为了中国靠我们共同去努力能够强大起来，这是我真实的话。企业家必须有这样的境界和胸怀，国家会因为有你而强大，社会会因为有你而进步，人民会因为有你而富足，这就是企业家做的事情。"感恩这个时代有曹德旺，感恩这个时代还有许许多多如曹德旺一样的优秀企业家。

本篇除了会系统分析这些案例公司的财报之外，还将分享美的何享健、方洪波，格力董明珠和海尔张瑞敏的战略思想与管理实践，尤其是在改革开放的洪流中，他们是如何在逐浪的过程中，不断地完善公司治理结构，达成公司利益与实现自我价值的。这些改革实践，极具时代烙印和启发意义，值得我们共同期待。

第 10 章

# 何享健与他的美的人生

美的发展史，相信不同的人会有完全不同的解读。本章将从 10 个方面来总结和提炼何享健与美的发展的关键节点。何享健常说："**唯一不变的就是变。**"这或许是成就美的的最大智慧。一步踩准会有人说这是运气，但步步踩准显然就不是运气可以简单概括的了。在变通中发现不变，在不变中发现变通，既是易经文化的精髓，也是佛法无常的智慧，但能将这些智慧应用于企业管理的实践，确是难能可贵。

何享健，1942 年出生于广东顺德。1968 年 5 月，时年 26 岁的他与北滘村 23 位村民，集资 5000 元人民币，创办北滘街办塑胶生产组，美的将其追溯为公司的起源。

## 10.1 美的创立

半个世纪之前的某一天,在一间不足 20 平方米手工搭建的厂房内,未经训练的工人通过回收废弃塑料,开始了压制生产塑胶瓶盖的生意,[138] 虽然粗糙,但在以农业为主的时代,这也算是开启了工业生产的大门。

1975 年 12 月,北滘街办塑胶生产组更名为顺德县北滘公社塑料金属制品厂,队办企业升格为社办企业,有了 200 多平方米的正式厂房。[139] 产品也开始从瓶盖扩展到塑料胶管,再到汽车配件。

## 10.2 专业化聚焦,走品牌发展之路

1980 年 9 月,顺德县北滘公社塑料金属制品厂更名为顺德县北滘公社电器厂,开始尝试风扇生意。为了使产品质量更有保障,何享健尝试从国有企业聘请"周末"技术员,利用他们的闲暇时间帮助工厂改善生产。由此,生产规模得以不断扩大,销量直线提升。一年后的 1981 年 11 月 28 日顺德县北滘公社电器厂更名为顺德县美的风扇厂,从社办企业晋升为县级企业,并通过公开征集方式,正式确立"美的"品牌,[140] 由此拉开了进军世界级家电企业的序幕。

由于风扇产品技术含量低,美的风扇大卖的同时,全国其他风扇厂商也闻风而动,市场竞争开始变得激烈,造成美的产品滞销。何享健利用广东的地理优势,从我国澳门地区带回一台"鸿运扇",引导美的走上仿制之路。1984 年,这种新型塑料风扇仿制成功,美的脱颖而出。由此,何享健悟出一个道理:"有了好产品,就不怕市场

变,也不怕消费者不买账。"[141]

## 10.3 勇闯国际化发展道路

1985年5月17日,何享健出访日本,领略到先进的现代工业文明,眼界大开,由此确立"不与国内同行争天下,走出国门闯市场"的策略,誓与国际同行一较高下。这使得美的风扇很快便远销海外,成为广东乃至全国的出口创汇大户,得到政府的大力支持和肯定。1988年,美的销售过亿元(1.24亿元),并获得"中国乡镇企业出口创汇飞龙奖"和"广东省最佳出口创汇企业"的荣誉称号。

由风扇转空调,逻辑上顺理成章、水到渠成。1989年9月,美的家用电器公司与香港兴业制冷厂、香港西达有限公司共同出资组建顺德美威空调设备厂。1991年12月底该厂正式更名为"顺德美的冷气机制造有限公司"。[142]

## 10.4 股份制改造并成功上市

1992年3月,经广东省人民政府批准,广东美的电器企业集团组建成立。同年8月,经股份制改造,广东美的电器企业集团更名为广东美的集团股份有限公司,并于1993年11月12日上市,其产品涵盖空调、电机、小家电、房地产开发和进出口贸易等,控股股东为"顺德市北滘镇经济发展总公司"(后更名为"顺德市美的控股有限公司",简称"美的控股"),持股44.26%。美的成为一家乡镇集体控股的上市企业。[143]

## 10.5 管理层收购，建立长效发展机制

2000年4月7日，美的开始启动管理层收购（MBO）计划。㊀ 由美的工会委员会（22.85%）、何享健（17.07%）及其他20名员工，共同出资成立顺德市美托投资有限公司㊁（简称"美托投资"），申请购买粤美的A的法人股份。5月15日，美的控股与美托投资签订协议，将其所持7.26%的粤美的A法人股份转让给美托投资，美托投资成为公司第三大法人股东。[144]

2001年1月19日，美的控股再次转让14.94%的法人股份给美托投资。受让后，美托投资成为第一大法人股东，共持有法人股份1.08亿股，占总股本的22.19%。[145] 至此，粤美的A初步完成管理层收购，由乡镇集体控股企业变身为公司管理层控股的民营上市公司。

## 10.6 强化家族控股，优化治理结构

2001年，美托投资在完成乡镇政府控制的法人股份受让后，开始了一系列的内部股权整合。首先，美的工会委员会转让了所持股份，退出了美托投资董事会。[146] 其次，21名自然人股东中，有16名自然人股东转让了所持股份。美托投资的股份集中到以何享健（55%）为主的5名核心管理人员手中。最后，何享健将个人持股转化为美的控股法人持股，其他高管个人持股转化为利迅投资法人持股。至此，美托投资剩下两个法人股东：美的控股和利迅投资。[147]

---

㊀ 此次转让的法人股份为3518.4万股，转让价格为2.95元/股，转让股份占粤美的A发行在外股本总额的7.26%。

㊁ 顺德市美托投资有限公司为美的有限的前身，美的有限后更名为美的集团。

2003年，美托投资更名为美的集团，2004年，粤美的A更名为"美的电器"，[148] 直到2013年美的集团整体上市。

利迅投资后又几经股权转让，于2010年5月被美的控股吸收合并。至此，何享健家族完全控股美的集团，持股比例高达84%。方洪波个人持股3.6%，是最大的个人股东。美的集团变身为纯家族控股的民营上市公司。

## 10.7 借势股权分置改革，逆市增持公司股份

2006年2月16日，美的集团借股权分置改革的东风，动用10.8亿元资金，逆市增持23.58%的公司流通股（1.49亿股），[149] 这是非常有胆识的举动，表现了何享健的远见卓识与过人智慧，该笔投资的价值迄今已超过200亿元。增持后，何享健直接或间接控制美的电器3.16亿股，占美的电器总股本的50.17%，成为美的电器第一绝对大股东和实际控制人。

## 10.8 百亿股权大变现

完成对美的电器的绝对控股以后，何享健于2011年11月，将其所持美的集团12.18%的股权以63.945亿元的价格转让给天津融睿，将3.12%的股权以16.38亿元的价格转让给天津鼎晖。[150] 何享健一次变现超过80亿元，持股比例也因此下降为68.7%。2012年3月，再以6.0375亿元的价格转让1.15%股权给佳昭控股，以12.6亿元的价格转让2.4%的股权给鼎晖美泰，[151] 再次兑现约20亿元。美的控股两次转让美的集团股权后，累计变现约100亿元。

## 10.9 建立防火墙，完成交接班

2013年7月，美的集团以换股方式吸收合并美的电器，即美的集团向美的电器除美的集团外的所有换股股东发行股票，交换他们所持有的美的电器股票。美的集团的发行价格为44.56元/股。美的电器换股价格为15.96元/股（除息前），系以本次吸收合并董事会决议公告日前20个交易日的交易均价9.46元/股为基准，给予美的电器参与换股的股东68.71%的溢价确定。美的集团吸收合并美的电器后，实际控制人变更为美的控股有限公司，持股5.985亿股，占总股本的35.49%。[152]美的集团实施改制，厘清家族企业与上市公司之间的关联交易和利益冲突，**设立防火墙机制，以确保上市公司平稳运行**。如果说美的电器早期属乡镇集体控股的上市公司，那么，美的集团的上市，则完全变身为纯粹的民营家族企业。至此，何享健的美的人生可以说已经画上了一个圆满的句号。

2009年8月27日，何享健向美的电器董事局提交辞职报告，请求辞去所担任的董事局主席及董事职务，继续担任美的集团有限公司董事局主席，并表示将以美的电器大股东和实际控制人的身份，继续关心、关注和全力支持美的电器的发展。[153]2012年8月25日，何享健正式卸任美的集团董事长，将接力棒交与职业经理人方洪波，由此美的完成了**民营家族企业向职业化经营的华丽转身**。[154]

## 10.10 十全十美：没有更好，只有最好

作为美的创始人，何享健在1968年以5000元人民币创办美的，至2012年8月卸任美的集团董事长，历时44年，在经历"粤美的

A—美的电器—美的集团"的多次变身之后，功成身退，为自己的人生画上了一个圆满的句号。在中国改革开放的大潮中，像何享健这样功成而又能全身而退的企业家，如果何享健是第二，恐怕没有人敢说第一。他在福布斯 2020 年全球亿万富豪榜中名列第 36 位，资产达到 216 亿美元。[155] 2017 年 7 月 25 日，75 岁的何享健捐出其持有的 1 亿股美的集团股票和 20 亿元现金，成立了广东省和的慈善基金会，用以支持在佛山本地乃至全省全国的精准扶贫、教育、医疗、养老、创新创业、文化传承等多个领域的公益慈善事业。[156] 其子何剑锋担任美的集团公司董事，以及盈峰投资控股集团有限公司董事长兼总裁、盈峰环境科技集团股份有限公司董事长等职。[157]

何享健先后获得"广东省优秀企业家""首届空调大王""广东省优秀共产党员""全国优秀乡镇企业家""广东省'五一'劳动奖章""全国劳模"等一系列荣誉。2018 年 10 月，他又被中央统战部、全国工商联推荐宣传为改革开放 40 年百名杰出民营企业家。[158] 2018 年 12 月 18 日，党中央、国务院授予何享健改革先锋称号（乡镇企业改组上市的先行者）。[159]

薛云奎

成稿于 2019 年 12 月 18 日

# 第 11 章

# 方洪波成就全球最大家电企业

美的集团 2020 年销售收入 2857 亿元人民币，全球排名第一；海尔智家 2097 亿元人民币，位列第二；格力电器 1705 亿元人民币，排名第三。惠尔浦以 195 亿美元排名第四；伊莱克斯以 1160 亿瑞典克朗排名第五。三星家电 408 亿美元，理论上应排第二位，但因其多元化经营无分部财报支持，故未列入排名；博西家电 139 亿欧元应排第五，同样因其集团公司多元化经营且为非上市公司，故未列入排名。以下我们简要分享美的集团在方洪波执掌下成就全球最大家电企业的成长之路。

2012 年 8 月 25 日，方洪波正式接任美的集团董事长。他 1967 年出生于安徽铜陵，1992 年加入美的，先后担任美的公关科副科长、科长，广告部经理，市场部经理。任职期间，他成功策划著名影星巩俐代言美的品牌，使"美的生活，美的享受"深入人心。1997年担任美的空调事业部国内营销公司总经理，[160]组建了著名的大学生兵团，裁撤了90%的既有代理商，实现一年内销量达到90万台，以及150%～200%的突破性增长，从而"一炮走红"。2001年方洪波直接晋升空调事业部总经理。

## 11.1　收购荣事达，布局洗衣机行业

上任伊始，方洪波开始深度调研冰箱行业，积极推进美的购并、扩张，开展行业整合。2004年10月，美的收购华凌集团42.4%的股权，成为华凌集团的控股股东，巩固和提升了美的在冰箱、空调领域的市场地位。[161]2005年7月30日，美的与荣事达集团达成股权转让协议，受让荣事达集团持有的合肥洗衣设备24.5%的股权。后陆续收购该公司剩余75.5%的股权，直至2008年全资控股。[162]至此，美的成功进军洗衣机行业，并在白色家电㊀领域完成多元化扩张。

## 11.2　收购小天鹅，成就洗衣机行业龙头

2007年3月，美的电器通过全资子公司Titoni Investments Development Ltd.在二级市场购入小天鹅B股，占当时小天鹅总股本的4.93%。2008年3月，经国务院国资委批复同意，受让无锡市国联发展（集团）有限公司所持小天鹅A股0.88亿股，占当时小天鹅总股本的24.01%。㊁该

---

㊀ 白色家电，指冰箱、洗衣机等帮助家务劳动的电器。
㊁ 经国务院国有资产监督管理委员会国资产权[2008]283号批复同意，美的电器受让无锡市国联发展（集团）有限公司所持小天鹅A股87 673 341股，占当时小天鹅总股本的24.01%。

次股权转让后，美的电器通过直接及间接方式持有小天鹅 1.06 亿股，占当时小天鹅总股本的 28.94%，成为小天鹅的第一大股东。

2010 年 11 月 9 日，小天鹅向美的电器发行 84 832 004 股购买合肥洗衣设备 69.47% 的股权。该次重大资产重组后，美的电器通过直接及间接方式持有小天鹅 2.47 亿股，持股比例提升至 39.08%。㊀2011 年 12 月 15 日至 2012 年 1 月 16 日期间，美的电器通过深交所交易系统总计增持小天鹅 A 股 6 319 556 股，占小天鹅总股本的 1%。此次增持后，美的电器通过直接及间接方式持有小天鹅 2.54 亿股，占小天鹅总股本的 40.08%。通过上述收购、整合，美的电器获得了小天鹅的控股权，实现了洗衣机业务的整合，巩固了其在洗衣机行业的领先地位。

## 11.3　收购联合技术埃及公司和开利南美公司，拓展非洲与拉美市场

2010 年，美的开始把扩张的目光投向海外。通过美的电器的全资子公司——美的电器荷兰，协议收购联合技术控股有限公司（United Technologies Holdings B.V.）持有的埃及公司 32.5% 的股权，打开了拓展埃及及非洲市场的大门。[163]2011 年，再次通过美的电器荷兰，协议收购开利公司旗下 Springer Carrier Ltd.、Climazon Industrial Ltd.、Carrier Fueguina S.A.、Aro S.A.、Carrier S.A.、Carrier（Chile）S.A. 等 6 家公司的控股权，拉开了拓展拉美市场的序幕。这些收购迅速提升了美的空调在国际市场上的竞争力，并且增强了国际业务的经营能力。[164]

---

㊀　中国证监会出具了《关于核准无锡小天鹅股份有限公司重大资产重组及向广东美的电器股份有限公司发行股份购买资产的批复》（证监许可 [2010]1577 号）。

## 11.4 规划产业发展路径，建立家族防火墙

2010～2012年，美的通过一系列内部股权变更，将美的集团业务进行了全面梳理和整合，建立了何享健家族与美的公众公司之间的防火墙。美的集团通过一系列的股权转让和变更，使佛山日用家电成为公司全资控股的小家电业务培育、运营、发展平台，并借助这一平台，收购广东美的微波炉制造有限公司股权，将微波炉业务，包括广东威特真空（微波炉核心元件）的股权整合至佛山日用家电旗下。

与此同时，美的采用资产置换的方式，将华凌集团旗下资产置换至美的电器，将电机业务——威灵控股注入华凌集团，成功解决了这两家关联公司之间的同业竞争。

除此之外，美的还出售了以地产业务为主的美的建业，该公司于2018年春，以"美的置业"（03990.HK）为独立主体在香港上市。同时，美的还收购了宁波、芜湖等地的材料供应商，使其更进一步专注主业，并完善了产业链布局。[165]

当完成这一系列动作之后，美的集团成功于2013年7月吸收合并美的电器而上市，随后方洪波就任美的集团董事长兼总裁。

## 11.5 确立"产品领先、效率驱动、全球经营"的发展战略

方洪波执掌美的集团之后，确立了"产品领先、效率驱动、全球经营"的全新战略定位。他说："这三个主轴在本质上否定了过去30多年的发展经验，走出了依靠技术进步、效率提升，向全世界市场扩张的新发展路径。"[166]

在"产品领先"战略上,减少中低端、低毛利的产品,扩大中高端产能,实行差异化策略。在去库存方面,依托"互联网+"实现制造商与消费者的"面对面"。网上下单,基本实现"按需生产",第一时间制造,3天到货。

在"效率驱动"方面,方洪波说:"坚决砍掉过剩产能,及时对闲置的资产进行关停并转。2011年,我们毅然决然地退还了多得的6000亩㊀土地,尽管有些地方已经打桩甚至盖好了厂房,而后又关闭了一批制造基地。""这意味着我们在销量几乎不变的情况下,利润增加了一倍还多。供给侧结构性改革使美的有底气、有能力抗击未来可能出现的各种风险冲击。"[167]

与此同时,美的还把减少投资建厂省下来的钱都投到研发上,构建了两层四级的创新研发体系。方洪波2016年在接受记者采访时指出:2012年,美的研发人员占企业管理人员总数的27%;到了2015年,这一比例已经达到47%,今年更是要超过50%。同时,美的的人才结构也有了明显改善。在研发人员中,2012年,整个集团博士只有20人,现在则有接近500位博士,研发人员中有硕博学历的比例达到65%。他说:"5年前,美的在土地、厂房等要素的投资上,一年平均下来怎么也得有30亿~40亿元。如今,我们把减少投资建厂省下来的钱都投到研发上,大大提高了产品品质和附加值。"

## 11.6 收购东芝电器,试水经营国际品牌

为了获取国际领先的产品技术和人才,美的盯上了正处于信用危

---

㊀ 1亩 ≈ 666.667平方米。

机中的东芝电器。2016 年 3 月，美的以 537 亿日元（约 4.73 亿美元）收购"东芝家电"80.1% 的股权，东芝保留余下的 19.9% 的股权。自此，美的集团获得 40 年东芝品牌的全球授权及超过 5000 件与白色家电相关的专利。[168] 方洪波满怀信心地表示："世界家电产业版图正在发生重大变化，欧美企业普遍盈利能力不高，布局未来的能力有限；日本企业集体性衰败，回暖乏力；韩国企业中最有竞争力的只有 LG 和三星，但家电不是三星的核心产业。所以，家电产业未来一定是由中国企业来主导。全球化经营不是代工，而是在全球主要市场上拥有属于自己的品牌、资产和客户群体。我们得在全世界范围内配置资产，然后去经营当地的资源。"[169]

收购东芝之后，美的全面推进东芝与美的集团事业部之间的价值链协同，优化产品结构，提升毛利水平，在竞争激烈的日本市场，很快获得市场份额的稳步提升。2018 年，通过共享知识产权和研发成果，东芝依托美的大宗原材料集采平台和导入美的优秀供应商竞标体系，整合效应显著，业绩大幅度改善，迅速扭亏为盈。

## 11.7 要约收购库卡集团，深度试水高科技转型

为了进一步向世界一流高科技公司转型，2016 年 5 月，美的要约收购全球著名机器人公司库卡集团（KUKA）。库卡集团是一家成立于 1898 年的德国老牌企业，早期专注于建筑及街道照明，随后拓展至焊接设备及解决方案，以及大型容器等其他产品。1966 年曾经是欧洲公共交通市场的领导者。1973 年，自主研发工业机器人 FAMULUS。1980 年，在德国法兰克福证券交易所上市。1995 年，公司被拆分为库卡机器人有限公司（即库卡集团）和库卡系统有限公

司。库卡集团被认为是全球机器人四大企业巨头之一，在工业机器人和医疗机器人领域居于全球领先地位。美的集团通过境外全资子公司 MECCA 合计收购库卡集团 37 605 732 股股份，占库卡集团已发行股份比例的 94.55%，交易金额 37.06 亿欧元（约合 292 亿元人民币）。[170]2021 年 11 月 23 日，美的集团宣布将库卡私有化，并将其从法兰克福证券交易所退市。[171]本次私有化收购总股本 5.45%，按惯例 30% 市场溢价计算，此次交易所需金额约为 16 亿元，对美的的现金流影响较小。

## 11.8 吸收合并小天鹅，增强产业协同效应

当很多在资本市场上精明强干的企业家们正在思考如何将集团拆分出更多上市公司挂牌的时候，美的则选择了轻装上阵，以换股吸收方式注销了已经上市 20 多年的小天鹅公司，终止了其独立上市之路。很多人对此大惑不解，但从长期来说，美的吸收小天鹅，无疑是扫清了未来健康成长的障碍，更加有利于做一个"守规矩、走正道"的企业。

无锡小天鹅，始建于 1958 年，在美的收购前隶属于无锡市国资委，是一家专业经营洗衣机的企业。小天鹅于 1996 年 B 股上市，1997 年 A 股上市。换股合并前的小天鹅，2018 年销售收入 236 亿元，净利润 21.3 亿元，是一家优质的中等规模企业。[172]作为两家独立的上市主体，虽然董事会主席和实际控制人完全相同，但在法律层面是两家"井水不犯河水"的独立法人。这使得管理这两家公司的同业竞争和关联交易成为最头疼的问题。由于美的推出全新 AI 科技家电高端品牌 COLMO，与小天鹅的部分业务重叠，产生了同业竞争的

利益冲突，当然，除此之外，还有其他诸多管理关联关系的交易成本，集团在2019年吸收合并了小天鹅公司。[173]

方洪波在2018年底美的临时股东大会上表示，两家公司合并，有利于两家公司在洗衣机业务方面，从产品研发到海外市场拓展，形成更强的协同效应。虽然家电企业的高科技之路雄途漫漫，但方洪波豪言"充满信心"。根据2020年年报，华为拥有全球授权专利数量10万件；同期美的年报披露，它在全球范围内累计申请专利数量已达16万件，授权维持量也已达6.2万件。2020年，美的获得中国发明专利2890件，海外授权专利570件，连续五年位居行业第一。[174]虽然美的从未放言自己是高科技公司，但在向高科技转型的路上，美的已经具备相当的创新基础和实力，正在无限接近同业领先水平。

薛云奎

成稿于2019年12月26日

修改于2021年10月13日

第 12 章

# 全球家电大变局

家电行业，也许是全球最普及也最有代表性的制造业。大至家用空调、冰箱，小至厨具、灯泡，都可定义为家用电器。根据 Wind 数据，我国家电行业包括液晶电视、视听器材、学习机、视盘机、冰箱、空调、洗衣机、家电综合、厨卫电器、小家电、照明设备等在内的行业内上市公司总计 118 家，合计总市值 1.75 万亿元。市值排名前三位的公司分别是：美的集团（4904 亿元）、海尔智家（2713 亿元）和格力电器（2166 亿元）。⊖

## 12.1 中国家电业集中度分析

如表 12-1 所示，如果按销售收入排名，前三名为美的集团（2857

---

⊖ 按 2021 年 12 月 7 日收盘价计算。

表 12-1 中国家电业三巨头市场占有率分析

单位：10亿元

| 项目 | 2011 | 2012 | 2013 | 2014 | 2015 | 2016 | 2017 | 2018 | 2019 | 2020 |
|---|---|---|---|---|---|---|---|---|---|---|
| 美的集团销售收入 | 134.13 | 102.71 | 121.27 | 142.31 | 139.35 | 159.84 | 241.92 | 261.82 | 279.38 | 285.71 |
| 海尔智家销售收入 | 73.66 | 79.86 | 86.49 | 88.78 | 89.75 | 119.07 | 159.25 | 183.32 | 200.76 | 209.73 |
| 格力电器销售收入 | 83.52 | 100.11 | 120.04 | 140.01 | 100.56 | 110.11 | 150.02 | 200.02 | 200.51 | 170.50 |
| 三巨头销售收入合计 | 291.31 | 282.68 | 327.80 | 371.09 | 329.66 | 389.02 | 551.19 | 645.16 | 680.65 | 665.93 |
| 118家销售收入合计 | 416.45 | 458.48 | 646.77 | 726.62 | 713.92 | 836.00 | 1 085.62 | 1 101.49 | 1 105.20 | 1 150.83 |
| 三巨头销售收入占比 | 69.95% | 61.66% | 50.68% | 51.07% | 46.18% | 46.53% | 50.77% | 58.57% | 61.59% | 57.87% |

亿元)、海尔智家(2097 亿元)和格力电器(1705 亿元),三家公司销售收入合计 6659 亿元,占 2020 年度整个行业 118 家公司总销售收入 11 508 亿元的 57.87%,表明行业具有较高的集中度。但与 2011 年相比,三巨头的市场份额呈下降趋势,从 69.95% 下降为 57.87%。

在上述 118 家上市家电企业中,拥有 10 年以上财报的公司共 47 家。如果仅以这 47 家样本来观察,过去 10 年,整个行业的销售收入复合增长率为 9.34%,净利润复合增长率为 15.17%,这表明行业盈利能力随时间的推移在逐步增强。行业平均销售毛利率为 27.54%,较 2011 年的 21.18% 有大幅度增长。行业平均股东权益报酬率高达 18.9%,表明行业内企业的盈利能力普遍较高,股东权益报酬率在上市公司中名列前茅,普遍要好于我们即将分析的国外家电业同行。

在全球范围内,大规模、专业化经营家电的企业其实并不多见,让我们简略地来了解一下家电行业世界版图的变迁。

## 12.2 韩国家电,三星傲视群雄

韩国是一个非常了不起的国家,总面积不足 10 万平方公里,总人口 5000 多万,却孕育了好几家世界级的企业,其家电品牌在全球范围内也深具影响力。其典型代表便是三星和 LG。

### 12.2.1 三星

三星是韩国最大的多元化家族企业。旗下三星电子,2020 年销售收入 2006 亿美元,可供股东分配净利润 224 亿美元,号称仅次于苹果(2745 亿美元)公司的全球第二大高科技公司。三星在全球超过 80 个国家建立了生产线和销售网络,雇员人数超过 26.79 万人。

在三星电子主营业务中，消费电子产品销售收入为 408 亿美元（19%），IT 和通信产品 844 亿美元（38%），元器件解决方案 873 亿美元（40%），视听产品 78 亿美元（3%）。其市场结构相对均衡，全球化程度很高。美洲市场占公司总销售收入的 33%，其次是欧洲占 19%，中国占 16%，韩国本土市场只占其总销售收入的 16%。由此可以看出，三星电子更是全球的三星，而非韩国的三星。它是全球化程度非常高的一家韩国企业。

包含家用电器在内的消费电子产品虽然是三星电子的传统主业，但其在总收入中的占比却是逐年下降。2016 年、2017 年和 2018 年分别为 20%、17% 和 16%，2019 年大幅度回升至 19.67%，2020 年度销售收入 48.17 万亿韩元，约合 408 亿美元，占比略下降至 18.53%。[175]

### 12.2.2 LG

LG，Lucky-Goldstar（幸运金星），是韩国另一家多元化经营的家族企业，主营电子、化学以及电信产品。在韩国四大家族企业中排名第四。有资料显示：三星、现代、SK 和 LG 四大家族企业收入占到整个韩国家族企业收入的 90%。

旗下上市公司 LG 电子 2020 年销售收入 526 亿美元，净利润 18 亿美元，主营家用电器和空气解决方案，含冰箱、洗衣机、住宅与商用空调、吸尘器及其他产品。2020 年，家电分部销售收入 189 亿美元，约占公司总销售收入的 35.93%；家庭娱乐产品，含电视、监视器、电脑、音像及其他，112 亿美元，约占公司总销售收入的 21.29%。除此之外，它还经营手机及通信设备、汽车零配件及其他、LED、相机元器件、基础原材料、摩托、感应器、水处理等诸多产品。

相对于三星而言，LG 的国际化程度稍低一些，但比较均衡。

2020年其韩国本土市场的销售收入占比约35%，60%以上的销售收入源自海外市场。北美市场的销售收入约占其总销售收入的25%，亚洲其他地区占10%，欧洲占15%，南美洲占5%，中东和非洲其他地区占4%，俄罗斯及其他地区占3%，中国市场仅为其总销售收入贡献约3.57%。[176]

## 12.3 日本家电，品牌众多

日本家电企业众多，如松下、三洋、索尼、夏普、东芝、三菱、日立等，传统上都经营家用电器。只是在中国家电企业崛起的冲击下，日本家电企业日渐式微。

### 12.3.1 索尼

索尼家电具有很高的知名度，旗下上市公司索尼电子2020财年销售收入849亿美元，净利润112亿美元。在其现有的收入结构中，最大的收入来源是游戏与网络服务，约251亿美元，较2018年的100亿美元大幅度增长。2018年，该部分收入仅占总销售收入的13%，目前跃升至总销售收入的30%，索尼已成为全球排名第二的网络游戏公司；电子产品及解决方案收入181亿美元，占总销售收入的21%；金融服务收入约158亿美元，占总销售收入的19%；音乐、电影、成像和传感解决方案等分部的收入占比均在10%左右。传统家电产品收入在销售总收入中的占比已经较小。

从区域市场分布来看，索尼是一家以日本本土市场为主的全球化经营企业。它在日本本土市场的销售收入占总销售收入的33%；除此之外，美国市场贡献24%，欧洲市场贡献20%，中国市场单独贡献约 8%（近三年略有萎缩），余下份额为亚太（不包括中国）及其他地区的市场贡献。[177]

### 12.3.2 夏普

夏普也是一家老牌家电公司，1953 年生产了日本第一台电视机，其电视机市场份额曾经一度进入全球前 10 名。但因 2012 年遭遇严重财务危机，其于 2016 年以 35 亿美元转手富士康。据说富士康收购夏普 66% 的股份，是为了从代工厂向直销转型。

### 12.3.3 东芝

东芝成立于 1939 年，主营消费电子、医疗设备、办公设备和家用电器。2015 年因遭遇会计舞弊丑闻，公司多名高管同时辞职，致使公司一度濒于破产。2016 年 3 月，美的以 4.73 亿美元收购其家电业务主体"东芝生活电器株式会社"80.1% 的股权，并因此而获得东芝品牌 40 年的经营权和超过 5000 项与白色家电相关的技术专利，以及其在日本、中国、东南亚的市场、渠道及制造基地。由此，其家电收入变成了美的合并报表的一部分。

### 12.3.4 三菱

三菱的家电产品在全球市场也有一定影响力。但严格来说，三菱并不是一家独立的企业，而是一个企业联合体。联合体内部的各企业之间各自为政、相互独立。在这些众多企业中，三菱银行（今三菱日联金融集团）、三菱商事和三菱重工影响最大，通常又称为三菱集团"御三家"。三菱重工于 1993 年与海尔集团在青岛建立了一家合资公司——三菱重工海尔（青岛）空调机有限公司。公司成立时，注册资本 23 亿日元。其中，海尔集团公司出资 10.35 亿日元，占注册资本的 45%；三菱重工业株式会社出资 12.65 亿日元，占注册资本的 55%。2016 年 1 月，海尔集团将所持 45% 的股份作价 5.16 亿元转让给海尔智家。由此，海尔智家也有了三菱重工的成分。随同三菱重工一并转让给海尔智家的股权还包括海尔集团持有的海尔开利合资公司 49% 的股权，以收益法评估作价 3.25 亿元人民币。[178]

### 12.3.5 日立

日立同样是日本很有名的家电品牌，2021 财年（截止到 3 月 31 日）销售收入 780 亿美元，净利润 42 亿美元。不过，它现在的业务已经非常多元化，横跨 9 大产业，从信息通信系统到建筑机械设备，几乎无所不包。旗下划分 IT 事业部、能源事业部、工业事业部、移动事业部和智慧生命事业部。家用电器只占智慧生命事业部的一小部分。

根据 2021 财年财报，IT 事业部贡献占比最大，收入约 193 亿美元，占公司总收入的 21%；家用电器所在的智慧生命事业部收入为 118 亿美元，占总收入的 14%，其中，诊断与成像贡献 16%，计量与分析系统贡献 48%，家用电器仅贡献 36%。不过，自 2019 年 4 月从消费者市场并入智慧生命事业部之后，家用电器发布了一系列新产品，包括机器人真空吸尘器、远程控制冰箱等，促进了家用电器销售占比的提升，未来是否会进一步迎来更快的增长，目前尚难预料。[179]

### 12.3.6 松下

在日本众多家电企业中，松下或许是最有影响力的一家公司。松下最早成立于 1918 年，其创始人松下幸之助在大阪创立"松下电器制作所"，主要经营电灯插座。后于 1927 年开始生产系列自行车灯，并首次以 National 品牌销售。第二次世界大战期间，扩展到全日本和亚洲其他地区，主要生产灯具、电机、电熨斗、无线设备和真空管等电器部件和家用电器。部分工厂在第二次世界大战期间也曾被军队征用，制造日本海军的飞机和船舰。

1947 年，松下因战争原因一分为二，原在松下供职的松下幸之助的妹夫井直岁男离开松下，利用松下幸之助送给他的一间工厂，独立创办三洋电机。这家工厂后来成为三洋电机总部，距离松下总部的距离不超过 2000 米。[180] 它成立之初只是为松下代工部分产品，后来发展出独立的品牌并成为松下的竞争对手。

松下在战后由于与飞利浦公司合作，引进欧洲先进技术，赢得快速发展，先后推出了黑白电视（1952 年）、电搅拌机、冰箱（1953 年）、电饭煲（1959 年）、彩电和微波炉（1966 年）。在 20 世纪 60 至 70 年代，松下迎来高速增长。

三洋电机在这期间也增长很快，曾经一度在洗衣机和电冰箱领域领先于其他公司。到 20 世纪 90 年代后期，三洋电机由于一系列重大战略失误而陷入财务困境。2008 年 12 月，以 110 亿美元的价格卖给松下。松下收购三洋电机，或许是家电行业最失败的购并。购并后，2011 年，松下不得已宣布裁员 40 000 名，以减少重复部门。次年再裁撤 10 000 名员工，股价也随之下跌至 1975 年以来的历史最低点。

2021 财年（截止到 3 月 31 日），松下销售收入约 632 亿美元，净利润 16 亿美元。其中，家用电器贡献 34%，生活解决方案 20%，连接解决方案贡献 11%，自动化贡献 18%，工业解决方案贡献 17%。

从区域市场分布来说,日本市场销售收入约占总收入的46%,美洲市场约占17%,中国市场贡献约13%,其他市场表现则比较一般。家用电器事业部收入虽然在总收入中占比第一,但仅占总收入的1/3,近几年虽有增长,但总体销售收入呈现负增长态势。[181]

## 12.4 美国家电业的过去与现在

前述三星、LG、索尼、松下等,都在美国市场拥有一定的知名度和市场份额,在某种程度上,全球的家电企业都以打入美国市场为目标。不过,除国际品牌外,美国也有自己的本土企业,最主要的本土企业是惠而浦和通用家电。

### 12.4.1 惠而浦

惠而浦是当前美国最领先的家电企业,也是国际上家电市场的主要企业。其总部位于美国密歇根州,2020年销售收入195亿美元,员工7.8万人,在全球14个国家/地区拥有70多个制造和技术研究中心。其共有四大产品类型:清洗设备(15%)、冰箱(25%)、厨具(31%)和洗碗机及其他(29%)。北美市场贡献总销售收入的57.62%,欧洲、中东、非洲市场贡献22.56%,拉丁美洲贡献13.32%,亚洲市场仅贡献6.5%。旗下主要品牌包括:Whirlpool(惠而浦)和KitchenAid(凯膳怡)。除此之外,还有一些地方性品牌如Maytag、Brastemp、Consul、Hotpoint、Indesit和Bauknecht,号称在白色家电领域连续11年保持全球市场占有率领先。[182]

惠而浦成立于1911年,是世界上最早生产电动马达驱动的扭绞式洗衣机的公司,1929年与1900洗衣机公司合并。第二次世界大战期间，工厂曾一度"民转军"，生产过飞机螺旋桨、迫击炮和坦克导航装置。1947年，发明顶开式自动洗衣机，成为当今洗衣机生产的标准。1948年，确立惠而浦品牌；1950年，公司更名为惠而浦。

1966年，惠而浦通过收购Warwick Electronics，进入电视机领域。1986年收购霍巴特公司（Hobart Corporation）的KitchenAid。1988年收购了与荷兰飞利浦公司合资的多数股权（53%）。1989年收购Roper和德国Bauknecht，并一举超越伊莱克斯而成为当时全球最大家电制造商。

20世纪80年代中后期，惠而浦与印度TVS集团合资成立洗衣机公司，获得巨大成功。1995年成立惠而浦印度有限公司（Whirlpool of India Limited），并将产品系列进一步扩大到微波炉和空调。1997年，收购巴西航空工业公司（Embraco）制冷压缩机制造的大部分股权和巴西家电制造商Multibrés。2001年，将加拿大英格利斯有限公司更名为惠而浦加拿大。

2005年，要约收购梅塔格公司（Maytag Corporation）。2014年7月，斥资7.58亿欧元（约合10亿美元）收购意大利竞争对手Indesit 60%的股份。

1995年5月进入中国，与上海水仙电器股份有限公司合作成立上海惠而浦水仙有限公司。2002年，成立亚洲洗涤技术中心、国际采购中心以及深圳技术中心。2009年，投资9亿元在浙江长兴建立合资厂。2014年，收购合肥荣事达三洋电器股份有限公司51%的股份，后更名为惠而浦（中国）股份有限公司，开始逐步壮大在中国的业务。

惠而浦（中国）（SH600893）总部在安徽合肥，2004年在上海证券交易所上市，惠而浦（中国）投资有限公司持股51%，共经营四大品牌，惠而浦、三洋、帝度和荣事达。2020年其销售收入49亿元人民币，亏损1.5亿元人民币。其中，洗衣机收入为22亿元，占总收入的45%；冰箱收入6亿元，占13%；生活电器收入17亿元，占35%；电机收入3亿元，占6%。[183] 传统上，惠而浦（中国）以经营洗衣机为主。10年前，公司90%以上的收入源自洗衣机。

### 12.4.2　通用家电

通用家电同样以其产业的多元化而著称，其所涉足的产业横跨至少15个产业领域，家用电器只是其产业中的很小一部分，但通用家电厨电业务在美国市场上一直保持领先地位。2014年原本计划以33亿美元卖给伊莱克斯，后因美国司法部反对，最终于2016年1月，以54亿美元卖给了海尔智家。海尔收购通用家电事业部之后，基本维持了其原有的管理与销售模式，合并后的家电收入巩固了海尔在北美市场上的领先地位。

## 12.5　欧洲家电，独具传统

欧洲是第二次工业革命的发源地之一，在诸多行业，欧洲的企业都创造了展现这个时代文明的符号，例如我们在上篇案例中分析过的爱立信、诺基亚，它们已然成为欧洲电信市场的代名词。接下来我们所要讨论的飞利浦、西门子、博西与伊莱克斯等，都可以说是欧洲家用电器的代名词。

### 12.5.1　飞利浦

荷兰飞利浦，是欧洲老牌的家电企业，创立于1891年，最早经营电灯泡，后推出电动剃须刀、收音机以及斯特林发动机等，至20世纪末21世纪初，它逐步发展壮大为全球最大的电子公司之一。2013年剥离了消费电子业务，重点专注于医疗保健技术，主营三大业务：原飞利浦消费电子、飞利浦家用电器和个人护理（后更名为"消费者健康与福利"），飞利浦医疗系统（后更名为"飞利浦专业医疗保健"），飞利浦照明单独分拆的独立公司。

飞利浦目前在全球100多个国家拥有约7.4万名员工。2020年销售收入超过226亿欧元，其中与健康技术相关的收入超过98%。[184] 2021年3月，飞利浦宣布以44亿欧元的价格，将家电业务出售给中国的高瓴资本，从此与家电业务绝缘。[185]

### 12.5.2 西门子

德国西门子是欧洲最大的工业制造公司，创立于1847年，以电报业务起家，目前已拥有包括工业、能源、医疗保健和基础设施与城市等在内的诸多产业，而且，业已成为全球著名的医疗诊断设备制造商。其医疗保健部门的收入约占公司总销售收入的12%，是仅次于工业自动化的第二大盈利部门。2020年全球收入约为571亿欧元，在全球拥有约29.3万名员工。[186] 旗下家电产业于1967年与博世集团按50∶50的股份比例合资成立博西家电（BSH Hausgeréte GmbH），2015年博世集团以30亿欧元收购西门子所拥有的50%股份，从而使博西家电成为博世集团的全资子公司。

### 12.5.3 博西家电

博西家电是欧洲最大的家用电器制造商，也是全球家电行业领先的公司之一，其产品覆盖烹饪、洗碗、洗衣（洗涤和干燥）、制冷和冷冻等多个领域，以及如全自动浓缩咖啡机、地板护理和热水用具（消费品）等在内的多种小家电。2020财年，博西家电销售收入139亿欧元，在全球拥有39家工厂，在超过50个国家/地区的80多家公司拥有约6万名员工。[187]

博西家电作为博世集团的子公司，只是博世集团四大业务板块的一部分。博世集团主要由四大业务板块构成：汽车解决方案，包括内燃机喷射技术与动力总成，占59%；工业技术，包括驾驶与控制技术，约占7%；消费电子产品，包括电动工具、电动工具附件和测量用具，以及家用电器，约占26%；能源与建筑技术，包括全球安全和通信产品业务与区域集成商业务，如视频监控、入侵检测、火灾检测和语音报警系统，以及门禁控制、专业音频和会议系统，暖通如空调、热水和分散式能源管理等系统，约占8%。博世集团2020年销售收入715亿欧元，净利润7.49亿欧元。博西家电只是博世集团的子公司，其收入只构成集团收入的一部分，这一点与韩国三星非常相似。[188]

### 12.5.4 伊莱克斯

伊莱克斯是瑞典的一家跨国家电制造商，总部设在斯德哥尔摩，2020年全球销售收入1160亿瑞典克朗。伊莱克斯主要经营大家电、小家电和专业化产品。其中：烹饪用具收入706亿瑞典克朗，占全球总收入的60.88%；餐具和洗衣用具收入343亿瑞典克朗，占29.58%；清洁机器及其他小家电收入111亿瑞典克朗，占9.55%。就全球市场而言，贡献最大的是欧洲，占40%，北美市场贡献33%，亚太、中东和非洲市场贡献13%，拉丁美洲贡献14%。其中，亚洲和太平洋地区贡献7%。[189]

伊莱克斯于1919年在瑞典成立，其创始人爱尔克·温尔格林在1912年发明了世界上第一台家用吸尘器，1925年又生产出第一台家用冰箱。在后来的70多年里，伊莱克斯收购、兼并了近400个家电厂商和品牌，除传统家用电器外，还涉足商业洗衣房服务及饮食服务设施、园林设备等。伊莱克斯主要以商用洗衣房设备和吸尘器闻名于世，其商用洗衣房设备在欧洲、日本、中国台湾的销售量都是第一，即使在美国也是佼佼者，主要是机器本体、配件及品质均较其他同业公司高出甚多。2014年意图收购通用家电事业部，后因美国司法部以妨碍竞争为由而未能如愿。

通过以上梳理我们发现，在国际上专业化经营家电的公司已所剩不多，在本篇的案例中我们只筛选出5家公司来做对比。其中，中国三家，外加美国惠而浦和欧洲伊莱克斯。最遗憾的是没能在比较对象中加入韩国三星和欧洲博西家电，这两家公司的家电市场规模较大，但前者由于缺乏系统的分部报告而被放弃，后者因为是非上市公司而未能入选。

薛云奎

成稿于2020年1月8日

修改于2021年10月15日

第 13 章

# 中国家电业的国际化与全球排名

中国家电制造业在改革开放初期,几乎是零起步。正如前文所述,1980 年,美的才开始尝试制造风扇,1989 年开始组建空调工厂。在这之前,人们散热降温基本都用扇子。随着国门打开,一系列家电洋玩意儿开始蜂拥进入中国,诱导一些濒于破产的乡镇企业、集体企业、中小规模的国有企业纷纷加入仿制行列。美的如此,格力如此,海尔也是如此。

在本篇的一开始,我们比较详细地追溯了美的的发展历程,重点为大家介绍了美的创始人何享健的创业经历和继任者方洪波的勤奋与睿智。本章将为大家简要梳理中国另外两个家电制造业巨头——格力电器和海尔智家的发展历程,以利于我们从更多的样本中发现共同点和差异,从而更加透彻地理解中国制造业的崛起之路。

## 13.1 格力电器，全球最大的空调供应商

格力电器（000651.SZ）全称为"珠海格力电器股份有限公司"，1989年12月，经珠海市工委批准，由几家国有小厂组建而成。[一]合计净资产折股780万股，每股面值1元。在此基础上，经珠海市人行批准，向社会及内部职工公开募集420万股，每股面值1元，合计总股本为1200万股。其中：法人股780万股，社会公众股（含职工股）420万股。[二]

1991年新增发行法人股1236万股及社会个人股362.82万股，总股本增至2800万股。1992年3月，再次增发法人股及社会个人股4700万股，至总股本7500万股。1996年11月18日，格力上市，因为历史遗留问题，所以它上市时并没有公开募集股份。如果那时候投资1万元给格力，到目前的回报超过4000万元。

上市以后，格力电器于1998年和2000年两次配股募资7.36亿元，2007年和2011年两次增发募资44.16亿元。先后累计公开募资51.52亿元。由此可知，格力电器在组建成立一开始，就是特殊环境和特殊历史背景下的特殊产物。在中国乃至世界范围内，也许既没有先例，也不可复制。

格力电器自成立以来，是一家以生产空调为主的家用电器制造商。至2020年，其合并报表收入为1705亿元。因受新冠肺炎疫情的影响，较2019年的2005亿元有较大幅度下降。其中，空调业务

---

[一] 1989年12月，经珠海市工业委员会珠工复（1989）033号文批准成立。由珠海经济特区工业发展总公司作为发起人，以其属下冷气工程有限公司空调器厂、塑胶工业公司、冠英贸易公司的净资产及对其的债权折价入股，折股数780万股，每股面值1元。

[二] 经珠海市人行珠银管（1989）141号文批准，向社会及内部职工公开募股420万股，每股面值1元，平价发行。

收入 1179 亿元，占总销售收入的 70.08%；其他业务收入 378 亿元，占 22.46%；生活电器 45 亿元，占 2.69%；智能装备 8 亿元，占 0.47%；其他主营 72 亿元，占 4.30%，如图 13-1 所示。

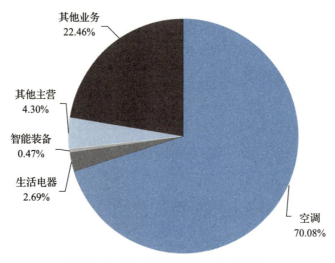

图 13-1　格力电器销售收入构成分析

由此可见，格力电器是一家专业化程度非常高、以空调为主业的家电经营公司。在全球范围内，没有第二家同等规模的家电企业如此专注于空调业务。所以，我们也可以说格力电器是全球范围内名副其实的空调专家。

## 13.2　海尔智家，以冰洗业务见长

根据招股书，海尔智家（600690.SH）成立于 1989 年 3 月，是在原青岛电冰箱总厂的基础上，以定向募集方式设立的。1993 年进行股份制改造，增发社会公众股募集 5000 万元。1993 年 11 月 19

日，在上海证券交易所上市。公司上市后，实施配股方案和增发项目，以完善公司治理机制，稀释一股独大的控股地位。

目前，海尔智家控股的海尔电器（01169.HK），于1997年12月在香港上市。根据公司年报，海尔智家直接持有海尔电器的股份为14.01%，但合计拥有57.65%的表决权。如果我们没有理解错的话，这些表决权应当包括：海尔智家股份有限公司14.01%、海尔股份（科技）有限公司31.63%和HCH（HK）投资管理有限公司12.01%。由此，海尔智家名义上是海尔电器的实际控制人，但实际上，海尔智家仅拥有海尔电器14.01%的权益。

2020年12月23日，海尔智家H股完成在港交所上市，同时，海尔电器完成私有化退市。[190]海尔智家通过发行H股吸收合并海尔电器全部，两家公司变成一家公司，实现智家业务板块整体上市。本次海尔智家在港上市新发行的H股，股东均为海尔电器上市公司原来的公众股东，并没有引入新的股东。因此，交易完成后，企业性质和股权结构没有改变，海尔集团依然是海尔智家的控股股东。

除此之外，海尔智家于2018年10月24日，在德国市场（即中欧国际交易所股份有限公司D股市场）增发4.17%共计2.65亿股的股份，交易代码为"690D"。[191]虽然也有人将其描述为海尔智家的德国上市公司，但实质上，只是在德国市场上交易的部分权益（4.17%）。

海尔通过自身持续耕耘与并购整合，先后收购日本三洋白色家电业务[192]、美国通用家电业务[193]、新西兰Fisher&Paykel公司[194]、意大利Candy公司[195]，持有墨西哥MABE公司48.41%的股权，[196]目前共持有"海尔、卡萨帝、Leader、GE Appliances、Fisher&Paykel、AQUA、Candy"七大世界级品牌。

根据 2020 年财报，海尔智家合并报表收入 2086 亿元。如图 13-2 所示，空调收入 300 亿元，占 14.38%；电冰箱收入 615 亿元，占 29.50%；厨电收入 314 亿元，占 15.05%；水家电收入 99 亿元，占 4.74%；洗衣机收入 484 亿元，占 23.20%；装备部品及渠道综合服务业务收入 274 亿元，占 13.13%。从收入构成上来说，如果格力和美的是以暖通为主业，那么，海尔的主业则可以归纳为冰洗业务，两项相加超过总收入的 50%。

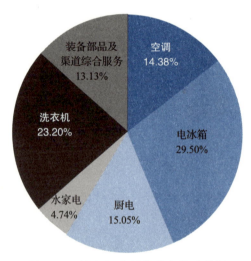

图 13-2　海尔智家销售收入构成分析

## 13.3　美的集团，全球最大的家电供应商

根据美的集团 2020 年财报，其合并报表收入为 2857 亿元，主营业务收入为 2567 亿元，位列目前全球家电行业销售收入第一。如图 13-3 所示，暖通空调销售收入 1212 亿元，占销售收入总额的

47%；消费电器1139亿元，占44%；机器人及自动化216亿元，占9%。从它的产品销售收入构成可以看出：美的是一家专注于家电，尤其是白色家电领域的专业化公司，其产品以暖通空调为主。

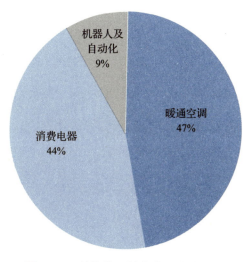

图13-3　美的集团销售收入构成分析

## 13.4　全球家电排名之争与中国家电企业的国际化

惠而浦宣称连续11年在全球白色家电市场排名第一。无独有偶，中国海尔集团也宣称过去11年来在全球白色家电市场排名第一。不过，依据我们的财报分析结论，全球最大的家电企业很显然当数美的集团。当然，家电行业的这种排名更多的是一种营销手段。所以，在此我们也不去争论谁是第一，谁是第二了。

就中国企业的国际化程度而言，美的集团因先后收购联合技术埃及公司、开利南美公司、东芝家电和库卡集团，国际化程度相对较高，2020年从海外取得的销售收入1211亿元，占公司总收入的42.60%，如图13-4所示。

图13-4　美的集团海外销售收入占比分析

海尔智家因先后收购三洋、三菱重工、海尔开利、意大利Candy、通用家电等国际著名品牌，所以，它的国际化程度也很高，2020年源自海外的销售收入1014亿元，占总销售收入的48.59%，后来居上，远超过美的集团的海外销售收入占比。海尔智家2014年源自海外的销售收入仅占12.13%（见图13-5），远低于同期美的集团的42.89%，但最近几年，海尔智家国际化发展迅猛，源自海外的销售收入提升很快，目前已有接近一半（48.59%）的销售收入源自海外。由此可知，美的集团的国际化发展之路虽然要比海尔集团走得更早一些，但海尔智家后期的发展迅猛，明显要走得更快一些。

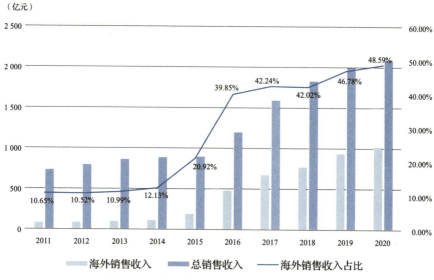

图 13-5 海尔智家海外销售收入占比分析

相对而言，格力电器依赖自身的独门绝技打天下，国际化程度相对较低一些。2020年源自海外的销售收入202亿元，虽然海外销售收入较新冠肺炎疫情前略有下降，但由于国内销售收入下降幅度更大一些，所以，海外销售收入占比不仅没有下降，反而有所提升，2020年占总销售收入的11.9%。对纯中国本土品牌和本土企业来说，能取得这样不俗的战绩，实属难能可贵，尤其是空调产品渗透进入欧美高端市场，具有较高的含金量。

薛云奎

成稿于 2020 年 1 月 16 日

修改于 2021 年 10 月 18 日

第 14 章

# 中国家电业的黄金 10 年

中国家电业从 20 世纪 80 年代起步，迄今已发展近 40 年。从最初创业到现在壮大，美的与格力的权力交接已传到第二代。只有海尔，其创始人张瑞敏仍然坚守在第一线。它们如何从一无所有、白手起家发展成目前的世界"巨无霸"，其间究竟经历了怎样的发展速度？本章将为大家揭开这一秘密。

美的集团的前身为美的电器，严格来说这是两个不同的会计主体。但从产业大格局来说，我们暂且把它们看成一家。1993 年，美的在 A 股上市，当年销售收入为 9.35 亿元。当时恐怕很少有人能够想到 28 年后的今天，美的销售收入能够达到 2857 亿元，复合增长率高达 23.6%。

## 14.1 中国家电业黄金10年的阶段划分

如图14-1所示,如果分阶段来看,美的第一个10年1993～2002年,复合增长率为31.32%;第二个10年2003～2012年,复合增长率为47.95%;第三个10年2011～2020年,复合增长率为13.27%。由此可知,美的发展最好的黄金10年是2003～2012年。

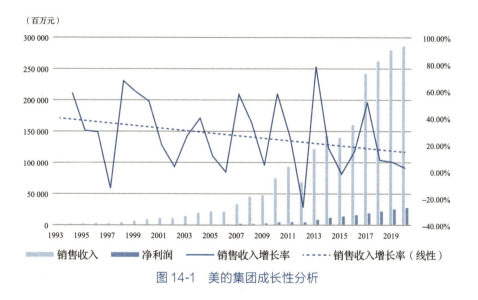

图14-1 美的集团成长性分析

格力电器1996年上市,上市当年销售收入为28.41亿元,超过当年美的集团的销售收入(24.99亿元)。如图14-2所示,至2020年,格力电器销售收入达到1705亿元,复合增长率为18.6%。虽然其销售收入的复合增长不如美的集团快,但它的含金量更高。这一结论主要基于其净利润复合增长率高于销售收入的复合增长率,而美的集团正好相反。格力电器同期净利润复合增长率为22.06%,美的集团同期净利润复合增长率为21.47%。这或因美的集团在成长过程中有更多由购并活动引起的增长，而格力电器则更多地依赖自身的有机增长，个中原因我会在后续分析中详解。

图 14-2　格力电器成长性分析

海尔智家与美的集团都于 1993 年上市，海尔智家上市当年销售收入为 7.95 亿元，至 2020 年，销售收入达到 2097 亿元，复合增长率为 22.93%。如图 14-3 所示，其增长最快的阶段仍然在上市后的第二个 10 年，即 2003～2012 年，复合增长率高达 50.61%；第一个 10 年为 34.62%，第三个 10 年为 12.33%。其增长速度与美的集团非常接近，而且增长率趋同。这在一定程度上表明公司增长更多源于外部市场因素，而非全部通过自身努力。

格力电器，2003～2012 年也是增长最快的 10 年，其复合增长率达到 29.11%；第一个 10 年和第三个 10 年的复合增长率分别为 16.29% 和 10.75%。由此似乎也可以看出：美的集团与海尔智家的发展理念似乎更加注重规模，而格力电器似乎更加追求增长的质量。

图 14-3 海尔智家成长性分析

从图 14-4 可以看出，无论是美的集团、格力电器还是海尔智家，也无论它们的增长是更快还是更慢，从趋势上来判断，其相似性程度非常高，个体增长与总体增长存在密切的相关性。

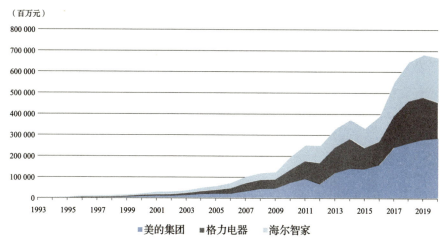

图 14-4 美的集团、格力电器、海尔智家销售收入对比分析图

## 14.2 中国家电业的崛起与西方家电业的衰落

相比之下，西方国家的企业则没有那么幸运，如前所述，传统上的很多知名企业和品牌，在中国企业的高速成长过程中，要么已被淘汰出局，要么已收缩转行，改做大健康、新能源或其他产业。美国存活下来的惠而浦公司，过去10年也几乎没有增长，10年前（2011年）的销售收入为187亿美元，2020年仅增长至195亿美元，复合增长率仅为0.46%。欧洲的代表性企业伊莱克斯，10年前（2011年）的销售收入为1016亿瑞典克朗，2020年增长到1160亿瑞典克朗，复合增长率仅为1.48%。这或许表明在西方发达市场，家电行业的增长空间已接近极限。

中国企业在与西方企业比拼速度方面的胜出，应该说更多的是基于成本优势，而非产品创新。可以预见，一旦中国制造成本上升，那么，增长率就很容易下滑。从目前最具代表性的美的、格力和海尔三巨头的增长率来看，这种优势在过去10年正在迅速丧失，增长率已开始大幅度下滑。增长最快的时间区间主要在2003～2012年，那是中国家电业的黄金10年。这种增长机会或许是百年一遇，也许是千载难逢。虽然依据惯性，在未来10年或更长时间，中国企业还会增长，但增长率将会大大减缓，而且，增长空间也已经非常有限。

薛云奎
成稿于2020年2月12日
修改于2021年10月18日

# 第 15 章

# 中国家电业的市场定位

中国家电业从学徒到自主创新、从代工到自主品牌，前后经历了 40 多年的转变。从改革开放初期的简单学习和模仿，逐步发展到目前的自有品牌和自主创新，完整地展示了中国制造的崛起过程。虽然时代的潮流主导了公司的发展，但张扬的个性仍然展示出企业之间的市场定位差异。

## 15.1 美的集团的成本领先策略

美的集团的销售毛利率从上市到现在，经历了一个 U 形转变。如图 15-1 所示，上市之初的 1993 年，其销售毛利率高达 35.68%，之后在 1998 年很快降到 20% 以下，目前又逐步回升到 28%～29%，

2020年或因新冠肺炎疫情和大宗商品涨价影响，销售毛利率突然下跌至25.5%。这既反映了美的集团产品市场定位的变化，也反映了中国家电市场的兴衰起落。

图15-1　美的集团销售毛利率分析

1996～1998年，是中国家电行业从计划主导到市场调节、从短缺到过剩的分水岭。率先由四川长虹发动的大规模彩电价格战在1996年3月打响，历时三年，一大批国产彩电品牌经不起冲击而不幸倒下。在此之前，彩电行业因市场供应短缺而形成的暴利吸引了众多资本参与竞争，彩电品牌曾经多达60多个，但经历价格战的洗礼之后，所剩寥寥无几。㊀市场供应从短缺到过剩，绝大部分一哄而上的投机型企业都"牺牲"了，众多品牌在短短的几年内销声匿迹。所以

---

㊀ 1996年之前，中国彩电有如意、黄河、青岛、环宇、孔雀、金凤、三元、飞跃、凯歌、西湖、长城、昆仑、菊花、赣新、星海、华日、莺歌、韶峰、春笋、双喜、山茶等60多个品牌。在长虹大降价之后，大多数品牌因不适应惨烈的市场竞争而凋零，在几年内销声匿迹。

说，能走到今天的彩电企业都经历过生与死的选择和考验。

同样，彩电领域的价格战很快也蔓延到其他家电领域。随着人们生活水平的提升和对美好生活的向往，家电市场需求不断扩大，迅速从彩电领域拓展到冰箱、洗衣机等其他领域。对超额利润的追逐很快也导致这些家电领域产能过剩，加之行业起步晚、门槛低，导致行业集中度分散，价格战一发不可收拾，这使得一大批单纯追逐利润而经营管理不善的企业在价格战中被迅速淘汰。

随着市场竞争的加剧，整个家电行业开始进入低毛利时代。但随着低绩效企业被淘汰出局，行业整合的机会不断增加，市场份额也迅速向优质企业集中。由此，美的、格力、海尔等优秀企业在这一阶段便赢得了规模上的大发展，家电行业进入快速增长的黄金10年。美的、海尔、格力在此期间的增长率高达30%～50%。

2013年，各行业纷纷准备扭转重数量轻质量、粗放低效的发展局面，家电行业也由此进入苦练内功的阶段。如前所述，美的在这一阶段，砍掉了一大批过剩产能，对闲置的资产进行关停并转，建立公司创新机制，着力改善和提升产品品质。经过几年时间的努力，产品品质有了大幅度的提升和改善，销售毛利率也连年稳步提升，产品开始进入国际领先水平。

从美的集团上市到现在的8年（2013～2020年），销售毛利率从23.46%上升到25.5%。基本与同期行业的平均毛利率相当，甚至还略低一些。⊖其中有一个特殊原因是2020年因新冠肺炎疫情影响，其毛利率较2019年的29.16%有大幅度下降。如果剔除这个特殊影响，美的集团销售毛利率在过去8年有大幅度增长。我曾经就此请教

---

⊖ 根据Wind数据，家电行业在2013～2020年，销售毛利率从23.58%增长到26.87%。

过何享健和方洪波，如果美的产品能够在未来持续创新和改善直至成为全球家电行业的领导者和定义者，美的销售毛利率在未来 10 年能否进一步提升到 40% 的水平？他们的共同答案是这根本不可能。他们认为，销售毛利率的提升会加大行业的竞争，家电行业不可能获得如此高的销售毛利率。

## 15.2　格力电器着力打造中国的空调专家

格力电器是中国家电业三巨头中平均销售毛利率最高的公司。不过，其销售毛利率的变化基本也遵循了同样的轨迹。或许是由于格力电器产品的单一性，其销售毛利率波动更大（见图 15-2），从 16.51%（2004 年）到 37.13%（2014 年），这表明它的经营风险更大。

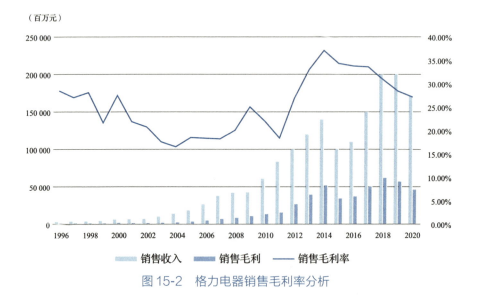

图 15-2　格力电器销售毛利率分析

1998 年以前，格力电器销售毛利率水平在 28% 以上，但在这之后的销售毛利率迅速跌至20%以下,最低到2004年的16.51%。目前格力电器的销售毛利率在三家可比公司中排名第二,达到27.14%。但过去28年(1996～2020年)的平均销售毛利率高达28.96%,行业排名第一。遥遥领先于美的集团(25.12%)3个多百分点,表明格力电器比美的集团拥有更高的市场定位和更强的产品竞争力。

## 15.3　海尔智家,品牌营销

海尔智家2020年销售毛利率为29.68%(见图15-3),远高于美的集团(25.5%),高于格力电器(27.14%)。过去28年平均销售毛利率为27.19%,低于格力电器(28.96%),高于美的集团(25.12%)。从这个意义上来说,三家公司中,美的集团更加侧重于产品的性价比,更强调成本领先和价格优势;相比之下,格力电器则更强调产品品质和差异性;海尔智家的策略则中和了二者。

图15-3　海尔智家销售毛利率分析

## 15.4 惠而浦品牌日渐衰落

对比国际同行，中国家电业三巨头的销售毛利率目前已远超惠而浦和伊莱克斯。惠而浦 2020 财年销售毛利率为 19.79%（见图 15-4），较 2019 年 17.30% 有较大幅度增长，表明它可能因新冠肺炎疫情的市场阻隔而受益；较 10 年前的 13.81%，更是有大幅度提升，但低于 20% 的毛利率水平仍不足以支持其高昂的运营费用，导致其在过去 10 年基本处于微利或亏损的状态，一直在苦苦支撑。这已导致它在过去 10 年出售或关闭了美国许多业务和工厂。

图 15-4　惠而浦销售毛利率分析

2007 年，惠而浦首先将旗下品牌胡佛（Hoover）出售给科技电子工业公司，将 TTI 地板护理公司和翡翠电器卖给米德比公司（Middleby Corporation），同时关闭了位于艾奥瓦州牛顿、阿肯色州和伊利诺伊州赫林的工厂。2008 年，关闭了田纳西州拉弗涅和杰克逊、密西西比州牛津、墨西哥雷诺萨的工厂。2011年关闭了阿肯色州史密斯堡工厂。2012年改造田纳西州克利夫兰的一家有123年历史的老厂，将其改造成为用以生产优质烹饪用具的工厂及现代物流配送中心。2018年，出售Embraco压缩机业务给日本京都的Nidec公司。

惠而浦（中国），或许能够更有代表性地来表达中国家电企业的崛起和国际巨头的衰落。惠而浦（中国）在上市之初的2004年，销售毛利率高达43.93%，完全是高高在上的洋品牌形象，但此后销售毛利率一路下滑，至2020年已跌至16.20%的历史低位，如图15-5所示。无论是产品品质还是品牌溢价，昔日的风光都已不再。公司也进入亏损状态。

图15-5 惠而浦（中国）销售毛利率分析

## 15.5 伊莱克斯，风光不再

从财报上来看，伊莱克斯的状况也好不了多少。伊莱克斯2020

财年销售毛利率为19.21%（见图15-6），较2019年16.64%有较大幅度增长，表明公司受到了新冠肺炎疫情的拉动。过去10年平均销售毛利率19.3%，高于惠而浦17.09%的水平。但从整体业绩上来看，虽然伊莱克斯仍然处于盈利状态，但在过去10年几乎没有增长，而且增长率波动很大，表明它也正处于风雨飘摇之中。

图15-6　伊莱克斯销售毛利率分析

如表15-1所示，中国企业的崛起带给西方企业的冲击并不单纯只是数量和规模上的压制，中国企业的创新、品牌与品质在过去10年均有了长足的进步和发展，正在从数量和品质两个方面取得全面的压倒性优势。

薛云奎

成稿于2020年2月19日

修改于2021年10月19日

表 15-1 销售毛利率对比分析表

| 公司 | 项目 | 2011 | 2012 | 2013 | 2014 | 2015 | 2016 | 2017 | 2018 | 2019 | 2020 |
|---|---|---|---|---|---|---|---|---|---|---|---|
| 美的集团 | 销售收入 | 93 108 | 68 071 | 121 265 | 142 311 | 139 347 | 159 842 | 241 919 | 261 820 | 279 381 | 285 710 |
|  | 销售毛利 | 17 489 | 15 530 | 28 447 | 36 641 | 36 684 | 44 226 | 61 458 | 73 655 | 81 467 | 72 870 |
|  | 销售毛利率 | 18.78% | 22.81% | 23.46% | 25.75% | 26.33% | 27.67% | 25.40% | 28.13% | 29.16% | 25.50% |
| 格力电器 | 销售收入 | 83 517 | 100 110 | 120 043 | 140 005 | 100 564 | 110 113 | 150 020 | 200 024 | 200 508 | 170 497 |
|  | 销售毛利 | 15 385 | 26 907 | 39 657 | 51 983 | 34 547 | 37 227 | 50 457 | 61 790 | 57 009 | 46 268 |
|  | 销售毛利率 | 18.42% | 26.88% | 33.04% | 37.13% | 34.35% | 33.81% | 33.63% | 30.89% | 28.43% | 27.14% |
| 海尔智家 | 销售收入 | 73 663 | 79 857 | 86 488 | 88 775 | 89 748 | 119 066 | 159 254 | 183 317 | 200 762 | 209 726 |
|  | 销售毛利 | 17 399 | 20 153 | 21 902 | 24 430 | 25 090 | 36 939 | 49 365 | 53 162 | 59 894 | 62 251 |
|  | 销售毛利率 | 23.62% | 25.24% | 25.32% | 27.52% | 27.96% | 31.02% | 31.00% | 29.00% | 29.83% | 29.68% |
| 惠而浦 | 销售收入 | 18 666 | 18 143 | 18 769 | 19 872 | 20 891 | 20 718 | 21 253 | 21 037 | 20 419 | 19 456 |
|  | 销售毛利 | 2 577 | 2 893 | 3 298 | 3 395 | 3 690 | 3 682 | 3 602 | 3 537 | 3 533 | 3 850 |
|  | 销售毛利率 | 13.81% | 15.95% | 17.57% | 17.08% | 17.66% | 17.77% | 16.95% | 16.81% | 17.30% | 19.79% |
| 伊莱克斯 | 销售收入 | 101 598 | 109 994 | 109 151 | 112 143 | 123 511 | 121 093 | 122 060 | 124 129 | 118 981 | 115 960 |
|  | 销售毛利 | 18 758 | 22 253 | 21 259 | 21 655 | 23 598 | 25 273 | 25 549 | 23 221 | 19 799 | 22 272 |
|  | 毛利率 | 18.46% | 20.23% | 19.48% | 19.31% | 19.11% | 20.87% | 20.93% | 18.71% | 16.64% | 19.21% |

注：美的集团、格力电器、海尔智家的销售收入、销售毛利的单位为百万元人民币，惠而浦的销售收入、销售毛利的单位是百万美元，伊莱克斯的销售收入、销售毛利的单位是百万端典克朗。

# 第 16 章

# 研发投入与产品创新

改革开放之初，中国企业的研发和创新能力较弱。这既有当时中国企业没有实力支持研发投入的原因，也有政府没有规范的研发投入信息披露方面的原因。财政部在 2007 年，才开始要求企业披露研发费用。所以这部分数据非常不完整。

## 16.1　美的集团，率先转型

如图 16-1 所示，美的集团 2020 年研发投入 101 亿元人民币，2019 年 96 亿元人民币，分别占销售毛利的 13.89% 和 11.83%。虽然它对研发的重视程度远不如华为等高科技公司，但其研发投入的规模和力度正在日益加强。

图 16-1 美的研发费用占比分析

2020年美的集团获得中国发明专利2890件，海外授权专利570件，连续五年位居行业第一。截至2020年底，美的集团（包含东芝）累计专利申请量突破16万件，授权维持量超过6.2万件。在全球家电类企业中保持领先。

## 16.2 格力电器，不甘落后

格力电器2020年研发投入62亿元，占销售毛利的13.43%，较上年度的10.54%有所增长，但主要是因为毛利下降，而非研发投入增加，2019年研发投入总额60亿元。格力电器拥有全国最大的空调研发中心，4个国家级研发中心，14个研究院，900多个实验室，近1.2万名研发人员。截至2020年底，公司累计申请专利79 014项，其中发明专利40 195项；累计获得46项中国专利奖，其中发明金奖 1 项，外观金奖 3 项；累计获得日内瓦发明展金奖 6 项，纽伦堡发明展金奖 5 项。

## 16.3 海尔智家，后来居上

海尔智家 2020 年研发投入 72 亿元，占销售毛利的 11.6%；2019 年研发投入 60 亿元，占销售毛利的 11.2%。虽然研发投入的规模及力度都还比较小，但对研发创新的重视程度则在明显增强，表明中国公司对研发投入的重视程度正在日益增强。美的集团似乎先知先觉，正走在行业的前列。

## 16.4 国际巨头，后劲不足

相比之下，惠而浦和伊莱克斯在传统上都比中国企业更加重视研发投入，但目前的研发投入明显不足。惠而浦 2020 财年投入研发经费 4.55 亿美元，占销售毛利的 11.82%。10 年前的 2011 财年，其研发投入为 5.78 亿元，占销售毛利的 22.43%，如图 16-2 所示。从这个数据对比上来说，惠而浦研发投入的规模在过去 10 年，既没有增加，也没有减少，但对研发投入的重视程度反而在下降。销售收入增长缓慢，导致其研发规模相对于中国家电业巨头来说正在变得无足轻重。

伊莱克斯也能得出相似的分析结论。2020 财年研发投入 36 亿瑞典克朗，占销售毛利的 16.05%。2011 财年研发投入 20 亿瑞典克朗，占销售毛利的 10.89%。虽然它在过去 10 年加大了研发投入的力度，但由于受销售规模的限制，目前正在落后于中国家电业巨头的研发投入水平。由此可知，中国正成为全球家电企业研发投入规模最大的国家，世界家电研发中心正在向中国转移，研发团队和人才也正在向中国聚集，这有助于中国企业在未来引领行业发展的趋势和潮流。

图 16-2　惠而浦研发费用占比分析

## 16.5　家电制造：是生意，还是事业

从研发与营销投入的规模对比上来分析，虽然过去 10 年对营销投入的重视程度有所下降，但中国家电企业对营销的重视仍远胜于对研发的重视程度。以美的为例，2020 年度销售费用投入 275 亿元，占销售毛利的 37.77%；而同期研发投入 101 亿元，仅占销售毛利的 13.89%。营销投入是研发投入的 2.7 倍。只不过，其营销投入的占比表现出稳定的下降趋势，2010 年为 48.08%。

格力2020年销售费用130亿元，占销售毛利的28.19%，同期研发投入为62亿元，营销投入是研发投入的2.09倍。虽然格力对营销的重视远胜过研发，但较之10年前，已有大幅度的调整与改善。10年前营销投入的占比高达52.33%，2013年最高达56.76%。

海尔2020年营销投入336亿元，占销售毛利的54.04%，较之2011年的52.3%不降反升，目前已经成为三巨头中营销费用占比最高的公司。相对而言，其同期研发投入72亿元，虽有增长，但仅占销售毛利的11.6%。2020年其营销投入是研发投入的4.66倍。

透过上述对比我们可以简要总结如下：

（1）中国家电业三巨头正在减少对营销投入的依赖，而增加对研发投入的重视。

（2）过去10年，营销投入的重要性程度仍然远胜于研发投入。2020年，海尔的营销投入是研发投入的4.66倍，美的是2.7倍，格力是2.09倍。

（3）海尔是三家公司中始终以品牌营销为导向的公司，其对营销的重视要远胜过对产品创新的追求。

惠而浦和伊莱克斯同样也是把赚得的大部分毛利投入产品营销当中。惠而浦2020财年销售费用（含管理费用）投入18.77亿美元，占销售毛利的48.75%，较之2011财年的42.1%略有下降。伊莱克斯2020财年投入营销费用111亿瑞典克朗，占销售毛利的49.71%，较之10年前的57.69%有所下降，主要是因为销售毛利增长和压缩营销预算的双重影响。

从营销投入占销售毛利的比重可以看出，惠而浦和伊莱克斯目前正面临巨大的市场竞争压力（其营销投入的增长已接近极限），相当于中国家电业巨头在2000年之后所面临的价格战压力。格力电器

2000 年的营销投入占当年销售毛利的 74.47%，美的是在 2003 年达到历史上的峰值 63.91%，海尔是在 2007 年达到峰值 62.53%。

如果惠而浦和伊莱克斯的市场竞争压力不能得到有效缓解，那么，目前的毛利水平已很难支撑其健康运营，大厦的倾塌似在须臾之间。由此，我们或许也可以理解为什么博西、飞利浦、东芝、日立、夏普、通用家电等西方传统家电企业会放弃（有的已经放弃，有的正在放弃）家电生意而转向其他产业。从研发费用的投入指标上也可看出家电行业市场竞争的残酷性。没想到家电企业的增长重点在于营销。

薛云奎

成稿于 2020 年 2 月 26 日

修改于 2021 年 10 月 20 日

第 17 章

# 购并与资产利用效率分析

本篇前面几章，较为系统和全面地梳理了全球家电业主要企业在经营方面的对比情况，我们发现：营销投入对于家电企业来说至关重要，目前阶段，家电企业的战略重心虽然有从营销向研发转型的趋势，但仍不明显。除了强调营销之外，中国家电企业在全球竞争中的逐步胜出是否还存在效率方面的原因？本章将为你揭晓答案。

## 17.1 美的集团的痛点与优势

美的集团 2020 年末资产余额 3604 亿元，销售收入 2857 亿元，资产周转率 0.79 次。这与上年的 0.93 次相比有大幅度的下降，较之 2011 年的 1.45 次更是呈现出大幅度下降的趋势，表明公司资产规模已日趋臃肿。而导致管理效率下降的主要原因，是公司由购并引起的资产规模以及商誉和无形资产的大幅度增加。

如图 17-1 所示，2020 年度末，美的商誉及无形资产余额 450 亿元，占总资产余额的 12.48%。其中，商誉资产余额 296 亿元，占总资产余额的 8.2%，主要是要约收购德国库卡集团所引起，虽然占比并不是很大，但也是美的资产构成中最大的风险隐患。如果库卡集团不能有效融入美的战略并保持效益增长，那么，商誉减值风险将威胁美的未来的盈利增长。

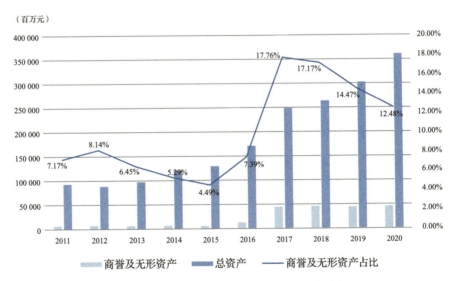

图 17-1　美的集团商誉及无形资产占比分析

美的固定资产管理保持了较高的效率。如图 17-2 所示，固定资产周转率从 2011 年的 7.66 次提升到 2020 年的 12.85 次。这表明公司固定资产投资决策谨慎，效率优先的经营理念发挥了重要作用，经营风险在降低。

图 17-2　美的集团固定资产周转率分析

以存货与应收款管理为代表的供应链管理效率，呈现稳中有升的局面，存货周转率从 2011 年的 6.63 提升到 2020 年的 6.85，如图 17-3 所示。

图 17-3　美的集团存货周转率分析

如图17-4所示，应收款项（含应收账款、应收票据、预付账款和其他应收款）周转率从5.87提升到9.14，表明公司信用管理体系有较大幅度的优化。这些方面的效率均呈现出良好的改善态势。

图17-4　美的集团应收款项周转率分析

但流动资产周转率总体上呈现下降趋势，从2011年的2.16下降为2020年的1.18，如图17-5所示。究其原因，主要是公司大幅度增加了现金、理财产品和结构性存款等货币性资产储备。此类资产余额在2020年末达到创纪录的1425亿元，占总资产余额的39.55%，占流动资产余额的59%，表明公司决策层在新冠肺炎疫情的影响下，加大了现金储备，导致流动资产余额大幅度上升，流动资产利用效率下降。这也是导致其总的资产周转率下降的主要原因。

图 17-5 美的集团流动资产周转率分析

## 17.2 格力电器的"绿肥红瘦"

格力电器 2020 年末资产余额 2792 亿元，销售收入 1705 亿元，资产周转率如图 17-6 所示为 0.61，较上年的 0.71 有较大幅度的下降，较 2011 年的 0.98 下降幅度更大，与美的基本保持了相同的趋势。

资产利用效率提升或改善最大的部分是供应链系统，存货周转率从 2011 年的 3.89 提升到 2020 年的 4.46（见图 17-7），应收款项周转率也从 2.33 大幅度提升至 19.19（见图 17-8）。流动资产周转率从 1.16 下降至 0.8；固定资产周转率也略有下降，从 10.83 下降为 8.98，从而导致其总体资产周转率略有下降。

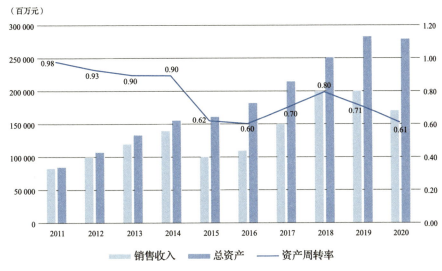

图 17-6　格力电器资产周转率分析

图 17-7　格力电器存货周转率分析

格力电器货币资金、理财产品及结构性存款等货币性资产余额在 2020 年高达 1527 亿元，占总资产余额的 54.68%（见图 17-9），占

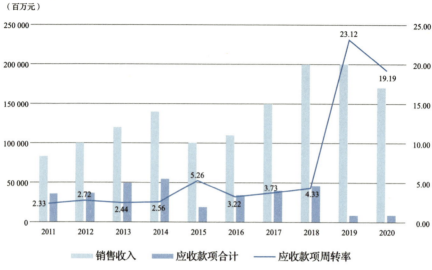

图 17-8　格力电器应收款项周转率分析

流动资产余额的 71.47%。表明其资产具有很强的变现能力，也表明了公司具有很强的抗风险和抗打击能力。

图 17-9　格力电器现金及等价物占比分析

## 17.3 海尔智家管理效率呈显著下降趋势

如图 17-10 所示，海尔 2020 年末资产余额 2035 亿元，销售收入 2097 亿元，资产周转率为 1.03，虽然较之 2011 年的 1.85 也是有较大幅度的下降，但在中国家电业三巨头中仍然是最高的。

图 17-10　海尔智家资产周转率分析

在资产的具体构成项目中，除了应收款项周转率略有提升外（从 2011 年的 6.49 提升至 2020 年的 6.6），其他资产的利用效率基本上都呈现出全线下降的趋势。其中，存货周转率下降幅度最大，从 2011 年的 9.43 下降到 2020 年的 5.01（见图 17-11）。

流动资产周转率，从 2.35 下降到 1.84。如图 17-12 所示，固定资产周转率从 16.24 下降到 10.04。

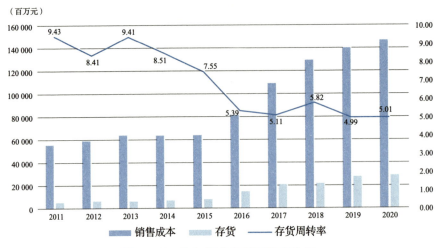

图17-11 海尔智家存货周转率分析

图17-12 海尔智家固定资产周转率分析

如果用10年前的指标来评判,海尔的资产利用效率遥遥领先于美的与格力。但令人意外的是,美的与格力的资产利用效率在过去10年都有一定程度的改善,唯有海尔出现了大幅度的滑坡。

从资产构成要素上来看,海尔资产周转率下降的一个主要原因是商誉与无形资产的大幅度增加。2016 年收购通用家电事业部 100% 股权，2017 年收购意大利 Candy 100% 股权，尤其是收购通用家电，形成巨额商誉资产。至 2018 年度末，商誉及无形资产余额高达 304.84 亿元，占资产总额的 18.19%，这一方面引起了资产利用效率的下降，另一方面形成了较大的商誉减值风险。

除此之外，其存货余额、固定资产余额以及权益性投资余额的大幅度增长，都进一步降低了资产的利用效率。而在资产变现能力方面，海尔远不如格力与美的。2020 年海尔的期末货币资金及其他理财产品合计 520 亿元，占总资产的 25.55%，远低于 2011 年的 32.57%。在某种程度上，美的与格力在目前储备了大量的现金资产，海尔还在德国市场发行 D 股来补充公司权益资本，以降低其现金周转风险。

如果说海尔智家 10 年前管理效率的一枝独秀是得益于张瑞敏提出的"人单合一"商业模式，⊖那么，这一模式的优势似乎正在迅速丧失。尽管它目前的资产利用效率仍然在三巨头中有一定的优势，但从趋势上来看，似乎已很难长期保持。

## 17.4　惠而浦产能利用不充分

惠而浦 2020 财年资产余额 204 亿美元，销售收入 195 亿美元，资产周转率为 0.96，远低于 2011 财年的 1.23，如图 17-13 所示。从财报指标上来看，惠而浦的管理没问题，其流动资产周转率为 2.16，要好于美的、格力与海尔，存货、应收款项的管理也与中国企业相差无几。问题出在固定资产周转率低下。惠而浦固定资产周转率为 4.65，

---

⊖　2005 年 9 月，在海尔全球经理人年会上，张瑞敏系统阐述了海尔的"人单合一双赢"模式。

而三家中国企业的固定资产周转率都在 10 以上，由此可以推知它的设备更新周期要比中国企业更长，产品更新换代的速度会比较慢，产能利用率低，历史上的众多生产基地或许会成为其轻装上阵的拖累。

图 17-13　惠而浦资产周转率分析

除此之外，由于惠而浦历史上也有过多次大规模购并，如 2005 年收购梅塔格公司，2014 年 7 月斥资 7.58 亿欧元收购意大利竞争对手 Indesit 60% 的股份等，导致报表中累计商誉资产高达 24.51 亿美元，占总资产的 13.35%，商誉及无形资产合计 47.47 亿美元，占总资产的 25.87%，降低了资产利用效率。

## 17.5　伊莱克斯管理效率低

如图 17-14 所示，伊莱克斯 2020 财年末资产余额 996 亿瑞典克朗，销售收入 1160 亿瑞典克朗，资产周转率为 1.16，与 2011 财年的 1.33 略有下降。资产周转率下降的原因主要来自三个方面：① 固定资产周转率从 6.51 下降为 5.09；② 流动资产周转率从 2.36 下降为

1.99；③应收款项周转率从 5.28 下降为 4.7。只有存货周转率较之 10 年前略有增长，从 6.93 上升到 7.1。总体上，伊莱克斯管理效率的下降也是全方位的。相对来说，它更加依赖于自身的有机发展，累计商誉资产合计 64 亿瑞典克朗，占总资产的 6.39%。

图 17-14　伊莱克斯资产周转率分析

根据表 17-1，惠而浦与伊莱克斯的共同点在于固定资产的利用效率远低于三家中国企业，而其他方面的管理效率基本与中国企业持平。美的与格力资产周转率总体不高的一个重要原因是它们储备了巨额现金或现金等价物资产，从而降低了资产周转率，但增强了企业抗风险的能力，增加了购并的机会。相比之下，两家西方企业的现金储备却显得非常紧张。伊莱克斯现金资产占总资产的比重为 12.2%，而惠而浦仅占 8.16%。从这个意义上来说，中国企业的现金资产很充裕。

薛云奎

成稿于 2020 年 3 月 2 日

修改于 2021 年 10 月 25 日

表 17-1 管理效率对比分析表

| 公司 | 项目 | 2011 | 2012 | 2013 | 2014 | 2015 | 2016 | 2017 | 2018 | 2019 | 2020 |
|---|---|---|---|---|---|---|---|---|---|---|---|
| 美的集团 | 资产周转率 | 1.45 | 1.17 | 1.25 | 1.18 | 1.08 | 0.94 | 0.98 | 0.99 | 0.93 | 0.79 |
| | 固定资产周转率 | 7.66 | 5.07 | 6.20 | 7.29 | 7.44 | 7.59 | 10.70 | 11.67 | 12.90 | 12.85 |
| | 流动资产周转率 | 2.16 | 1.85 | 1.86 | 1.65 | 1.49 | 1.33 | 1.42 | 1.43 | 1.29 | 1.18 |
| | 应收账款周转率 | 5.87 | 4.39 | 5.24 | 5.14 | 5.72 | 7.26 | 7.79 | 7.50 | 10.69 | 9.14 |
| | 存货周转率 | 6.63 | 5.95 | 6.11 | 7.04 | 9.83 | 7.40 | 6.13 | 6.35 | 6.10 | 6.85 |
| 格力电器 | 资产周转率 | 0.98 | 0.93 | 0.90 | 0.90 | 0.62 | 0.60 | 0.70 | 0.80 | 0.71 | 0.61 |
| | 固定资产周转率 | 10.83 | 7.88 | 8.55 | 9.37 | 6.51 | 6.21 | 8.58 | 10.88 | 10.49 | 8.98 |
| | 流动资产周转率 | 1.16 | 1.18 | 1.16 | 1.17 | 0.83 | 0.77 | 0.87 | 1.00 | 0.94 | 0.80 |
| | 应收账款周转率 | 2.33 | 2.72 | 2.44 | 2.56 | 5.26 | 3.22 | 3.73 | 4.33 | 23.12 | 19.19 |
| | 存货周转率 | 3.89 | 4.25 | 6.13 | 10.24 | 6.97 | 8.08 | 6.01 | 6.91 | 5.96 | 4.46 |
| 海尔智家 | 资产周转率 | 1.85 | 1.61 | 1.42 | 1.18 | 1.18 | 0.91 | 1.05 | 1.10 | 1.07 | 1.03 |
| | 固定资产周转率 | 16.24 | 15.12 | 15.86 | 12.68 | 10.57 | 7.63 | 9.91 | 10.58 | 9.48 | 10.04 |
| | 流动资产周转率 | 2.35 | 2.01 | 1.75 | 1.49 | 1.64 | 1.71 | 1.80 | 1.94 | 2.00 | 1.84 |
| | 应收账款周转率 | 6.49 | 5.14 | 4.24 | 3.99 | 4.59 | 4.34 | 5.98 | 6.98 | 7.40 | 6.60 |
| | 存货周转率 | 9.43 | 8.41 | 9.41 | 8.51 | 7.55 | 5.39 | 5.11 | 5.82 | 4.99 | 5.01 |
| 惠而浦 | 资产周转率 | 1.23 | 1.18 | 1.21 | 0.99 | 1.10 | 1.08 | 1.06 | 1.15 | 1.08 | 0.96 |
| | 固定资产周转率 | 6.02 | 5.98 | 6.17 | 4.99 | 5.54 | 5.44 | 5.27 | 6.16 | 4.84 | 4.65 |
| | 流动资产周转率 | 2.91 | 2.66 | 2.67 | 2.45 | 2.85 | 2.82 | 2.68 | 2.66 | 2.76 | 2.16 |
| | 应收账款周转率 | 8.87 | 8.90 | 9.36 | 7.18 | 8.26 | 7.64 | 7.97 | 9.52 | 9.29 | 6.26 |
| | 存货周转率 | 6.83 | 6.48 | 6.42 | 6.01 | 6.57 | 6.49 | 5.91 | 6.91 | 6.93 | 7.14 |
| 伊莱克斯 | 资产周转率 | 1.33 | 1.44 | 1.44 | 1.31 | 1.48 | 1.41 | 1.36 | 1.28 | 1.11 | 1.16 |
| | 固定资产周转率 | 6.51 | 6.59 | 6.32 | 5.92 | 6.69 | 6.47 | 6.36 | 5.89 | 4.83 | 5.09 |
| | 流动资产周转率 | 2.36 | 2.58 | 2.49 | 2.24 | 2.53 | 2.34 | 2.35 | 2.24 | 1.93 | 1.99 |
| | 应收账款周转率 | 5.28 | 4.89 | 4.44 | 4.28 | 5.22 | 4.91 | 4.77 | 4.64 | 4.54 | 4.70 |
| | 存货周转率 | 6.93 | 6.81 | 7.25 | 6.34 | 7.06 | 7.15 | 6.61 | 6.03 | 6.13 | 7.10 |

# 第18章

# 人效比、费效比与人工智能时代

到了知识经济时代,如果我们还只是谈论资本投入而忽视人的力量,那么,这样的分析结论就很可能已经落伍了。因为人工智能已经实实在在地影响到了家电业的发展。一方面,传统的工厂流水线已经逐渐被人工智能改造,变得越来越自动化和智能化;另一方面,人工智能技术与家电产品的融合已经使得家用电器变得越来越智能。谁能把握住人工智能发展的未来趋势,谁就会成为未来竞争的王者。

如何从财务角度来衡量人工智能对家电企业的冲击?传统财报分析框架并没有提供任何答案。在现有的框架体系下,或许人效比和费效比能在一定程度上解读人工智能对传统家电企业的影响。

## 18.1　美的集团人效比趋势向好，费效比略有改善

如图 18-1 所示，美的 2020 年员工总数为 14.92 万人，创造的销售收入为 2857 亿元，人均创收 191 万元人民币。较上年的 207 万元略有下降，比 2013 年人均创收 111 万元有较大幅度增长。

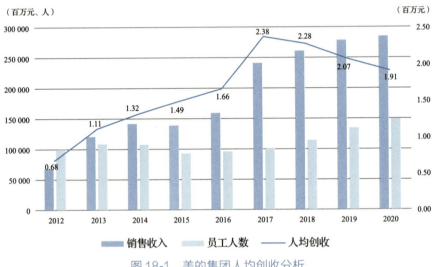

图 18-1　美的集团人均创收分析

从总体上来说，虽然美的员工总数因收购原因有较大幅度增长，但相比之下，销售增长更快一些，从而抵消了员工总数的增长，人均产出在过去几年保持了稳步提升。如图 18-2 所示，2020 年人均创利 18 万元。在过去几年，基本保持了稳定增长。

美的 2020 年销售及管理费用合计为 368 亿元，创造的销售收入为 2857 亿元，每 1 元期间费用创造的销售收入为 7.77 元，较 2011 年的 8.49 元有较大幅度的下降。如图 18-3 所示，从趋势上来看，其管理费效比在过去 10 年总体上呈现稳中有升的趋势。这表明

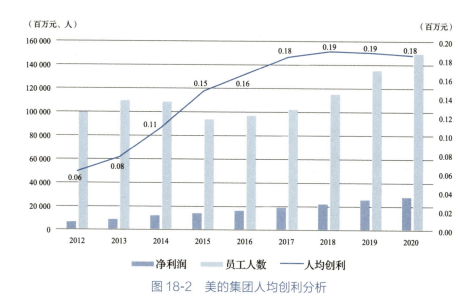

图 18-2　美的集团人均创利分析

公司的日常运营费用正随着时间推移而稳步上升，个中缘由需要进一步的细分信息才能得到更为准确的答案。2020年的费用控制虽有明显改善，但是否能够成为趋势，还有待更进一步的观察。

图 18-3　美的集团管理费效比分析

## 18.2 格力电器人效比、费效比表现卓越

格力 2020 年员工总数为 8.4 万人,实现销售收入 1705 亿元,人均创造销售收入 203 万元,较 2011 年的 115 万元几乎翻番,如图 18-4 所示。2020 年人均创利 26.54 万元,较 2011 年的 7.3 万元增长近 3 倍。而且,在过去 10 年时间,人均创收和人均创利均保持了平滑、稳定的增长。

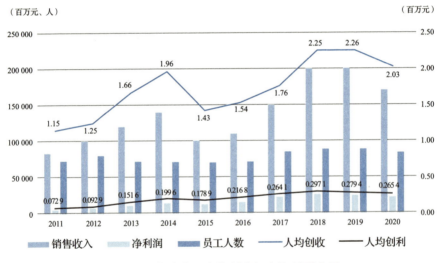

图 18-4　格力电器人均创收与人均创利分析

格力 2020 年销售及管理费用、研发费用合计 167 亿元,销售收入 1705 亿元,每 1 元期间费用创造的销售收入为 10.24 元,高于 2011 年的 7.71 元。而且,在过去 10 年,基本保持了稳定的提升(见图 18-5)。从人效比和费效比两个指标来看,格力电器都要明显优于美的集团。

图 18-5　格力电器管理费效比分析

## 18.3　海尔智家人均创收最高，逆势上扬

如图 18-6 所示，海尔 2020 年末员工总数为 9.93 万人，创造销售收入 2097 亿元，人均创收 211 万元，高于美的（191 万元）和格力（203 万元）。人均创利 11.4 万元，低于格力（26.54 万元）和美的（18 万元）。但与 10 年前相比，都有较大幅度的提升。2011 年人均创收 123 万元，人均创利仅为 6.1 万元。总体上，人均效率保持了持续、稳定的增长。

2020 年末销售及管理费用合计 437 亿元，销售收入 2097 亿元，每 1 元期间费用创造的销售收入为 4.8 元，与 2011 年的 5.6 元相比，有所下降。相对于美的与格力来说，海尔同样居于末位。

由于惠而浦和伊莱克斯未提供可比数据，所以，在此无法进行系统分析。就中国的三家企业而言，格力电器的人效比和费效比指标表现

图 18-6　海尔智家人均创收与人均创利分析

最佳,在员工人数基本保持稳定的前提下,人均创收和人均创利均保持了大幅度的增长。虽然员工工资增长较快,但费效比仍然有一定程度的提升和改善。美的集团的人效比较之 2011 年,也有较大幅度的改善。但或因购并影响,其人效比的增幅不如格力电器更加强劲,费效比表现欠佳,呈现持续下降的趋势。海尔智家的人效比同样保持了持续稳定的增长,但人均创收和人均创利都明显低于格力电器和美的集团,难以为其全球领先的"人单合一"管理模式提供实际的证据支持。其费效比也或因购并未能有所提升或改善。

薛云奎

成稿于 2020 年 3 月 8 日

修改于 2021 年 10 月 26 日

# 第19章

# 财务杠杆、谈判能力与风险控制

## 19.1 美的集团财务风险张弛有度

美的集团2020年末总负债余额2362亿元,占总资产余额的65.53%,较上年的64.4%略有增长。如图19-1所示,过去10年,资产负债率基本维持在60%～70%的水平。最高为2011年的67.42%。平均资产负债率为63.64%。

虽然从账面上来说,60%以上的资产负债率不算低,但其中大部分负债是占用上下游供应商和经销商的钱。2020年长短期借款及应付债券等有息负债的占比仅为总负债的25.09%,2015年甚至低至5.55%(见图19-2)。也就是说,2015年90%以上的负债都源于上下游的资金往来占款。

图 19-1　美的集团资产负债率分析

图 19-2　美的集团有息负债占比分析

由于美的通过货币资金项目明面上拥有大量的货币资金，在其他流动资产项目中又隐藏了大量随时可以变现的理财产品和结构性存款，所以，美的资产的流动性是比较好的，短期和长期偿债能力都很强。其流动比率在2020年为1.31（见图19-3），低于2019年1.50的水平，但流动性总体较好。

图19-3 美的集团流动比率分析

## 19.2 格力电器财务风险稳步下降

如图19-4所示，格力电器2020年末总负债余额为1623亿元，资产负债率为58.14%，2011年最高，达到78.43%。过去10年的平均资产负债率为66.66%，呈现出由高到低的缓慢下降趋势，目前的资产负债率处于历史低点。

虽然格力的资产负债率明显低于美的，但与美的类似之处在于，格力大部分负债均源自对上下游资金的占用。2020年格力电器的有息负债仅为总负债的14.29%（见图19-5），显著低于美的，表明格力对上下游供应商和经销商具有更强的控制力和谈判力。只是从趋势上看，其有息负债的占比正在日益增长。

图 19-4　格力电器资产负债率分析

图 19-5　格力电器有息负债占比分析

虽然格力的非流动负债占比很低，2020 年仅为 2.38%，其绝大部分负债均为流动负债，但由于它储备了大量的现金资产、结构性存款和理财产品，所以，它同样表现出很强的短期和长期偿债能力。2020年其流动比率为1.35，远高于2011年1.12的水平。

由此也可看出，美的财务风险控制，相对于格力而言，要显得更加成熟和稳健。

## 19.3 海尔智家资金链略紧张

如图19-6所示，海尔智家2020年年末总负债余额为1354亿元，资产负债率为66.52%。正所谓"无巧不成书"，中国家电业三巨头的资产负债率几乎都介于60%～70%。如果有人想知道最佳负债率应该是多少，那么，通过上述三家公司的分析，60%～70%也许就算是家电制造业的最佳负债率了。但相对而言，海尔智家的财务状况就不如美的与格力健康了。

图 19-6 海尔智家资产负债率分析

首先，海尔的资产负债率目前是三家公司中最高的一家，而且一直处在比较高位，说明它的财务风险更大，资金更加紧张。其次，它的流动比率是最低的，而且呈现出下降的趋势，2020年其流动比率为1.04，远低于2011年的1.21。最后，再从有息负债的占比上来看，海尔2020年有息负债占比为43.87%（见图19-7），远高于2011年的18.72%，也远高于同期的美的与格力。这既表明海尔资本成本较高，也表明它与上下游的谈判能力正在减弱。这一系列的指标变化似乎都在表明，海尔智家的管理与财务都正在趋向不健康。

图19-7　海尔智家有息负债占比分析

## 19.4　惠而浦、伊莱克斯的财务风险逐步加大

相比之下，惠而浦的财务可以用"脆弱"一词来形容。2020财

年资产负债率为 76.86%（见图 19-8），虽然较 2018 财年 82.53% 的历史最高水平有所下降，但总体上仍然维持在高位；与 2011 财年的 71.81% 相比，也是有增无减。

图 19-8　惠而浦资产负债率分析

流动比率从 2011 财年的 1.02 升至 2020 财年的 1.08，略有增长，但也算是"超低空飞行"。2018 财年曾经低至 0.82，而且，在过去 10 年当中有连续小于 1 的年份，表明公司无论长期还是短期偿债能力都非常弱。由于公司现金流充裕，有息负债的占比也不是很高，2020 财年为 42.33%，所以，目前暂时还未陷入支付困境，但如果公司再持续亏损，那么，恐怕离财务危机也就不远了。

伊莱克斯的财务状况也并不比惠而浦好多少。2020 年伊莱克斯资产负债率为 81.22%（见图 19-9），接近历史最高水平 2015 年的 82.02%。

图 19-9　伊莱克斯资产负债率分析

2020年的流动比率为1.08，比上年的0.98稍好一些。这一指标在过去三年连续低于1。从数据上来说，伊莱克斯同样存在短期支付困境，同样是由于它的现金流比较充沛，所以，目前得以维持正常经营。但基本上也是在盈亏平衡点附近挣扎。

资产负债率、流动比率对比分析如表19-1所示。

透过以上分析我们发现：家电行业在国际上已经沦为不赚钱的夕阳行业，传统上的一些家电业巨头如通用家电、飞利浦、西门子，以及日本的夏普、东芝、三菱等，都已经放弃了家电，惠而浦、伊莱克斯这些家电业巨头，目前也只是在苦苦支撑。反观中国的家电企业，却充满了生机与活力。为什么中国家电企业在全球家电企业并不景气的情况下能够一枝独秀？未来的方向和前景究竟在哪里？这不得不引起我们的深度思考。

薛云奎

成稿于2020年3月12日

修改于2021年10月25日

表 19-1 资产负债率、流动比率对比分析表

| 公司 | 项目 | 2011 | 2012 | 2013 | 2014 | 2015 | 2016 | 2017 | 2018 | 2019 | 2020 |
|---|---|---|---|---|---|---|---|---|---|---|---|
| 美的集团 | 资产负债率 | 67.42% | 62.20% | 59.69% | 61.98% | 56.51% | 59.57% | 66.58% | 64.94% | 64.40% | 65.53% |
| | 流动比率 | 1.14 | 1.09 | 1.15 | 1.18 | 1.30 | 1.35 | 1.43 | 1.40 | 1.50 | 1.31 |
| 格力电器 | 资产负债率 | 78.43% | 74.36% | 73.47% | 71.11% | 69.96% | 69.88% | 68.91% | 63.10% | 60.40% | 58.14% |
| | 流动比率 | 1.12 | 1.08 | 1.08 | 1.11 | 1.07 | 1.13 | 1.16 | 1.27 | 1.26 | 1.35 |
| 海尔智家 | 资产负债率 | 70.95% | 68.95% | 67.23% | 61.18% | 57.34% | 71.37% | 69.13% | 66.93% | 65.33% | 66.52% |
| | 流动比率 | 1.21 | 1.27 | 1.30 | 1.43 | 1.38 | 0.95 | 1.15 | 1.18 | 1.05 | 1.04 |
| 惠而浦 | 资产负债率 | 71.81% | 71.64% | 67.61% | 71.02% | 70.15% | 70.09% | 74.41% | 82.53% | 78.19% | 76.86% |
| | 流动比率 | 1.02 | 1.05 | 1.03 | 0.96 | 0.95 | 0.96 | 0.93 | 0.82 | 0.88 | 1.08 |
| 伊莱克斯 | 资产负债率 | 72.97% | 73.97% | 81.17% | 80.78% | 82.02% | 79.34% | 77.03% | 77.65% | 78.86% | 81.22% |
| | 流动比率 | 1.15 | 1.10 | 1.07 | 1.04 | 1.00 | 1.05 | 0.98 | 0.94 | 0.98 | 1.08 |

第 20 章

# 利润增长及其质量

## 20.1 美的集团，教科书式的稳定增长

如图 20-1 所示，美的集团 2020 年净利润为 275 亿元，较上年的 253 亿元增长 8.82%，较 2011 年的 46 亿元增长了约 5 倍，复合增长率为 22.16%。自上市以来 28 年复合增长率为 21.47%。

如图 20-2 所示，2020 年，美的实际交纳所得税 42 亿元，占税前利润的 13.13%，通常我们称这一税率为实际所得税率。这比上年的 15.54% 略有下降，但远低于 2011 年 19.17% 的水平。从总体上来看，美的实际所得税率在过去 10 年基本保持了稳定，呈现出稳中有降的趋势。

美的 2020 年税前利润为 317 亿元，其中，投资净收益（包括公允价值变动收益）为 47.7 亿元，营业外收支净额为 1.7 亿元，二者合

计占税前利润的15.6%。2020年公司主营业务贡献了84.40%的税前利润，较上年的91.61%有较大幅度下降，如图20-3所示。过去10年，这一指标基本稳定，主营业务对税前利润的贡献基本维持在80%以上，表明美的主营业务的盈利能力较为稳定。

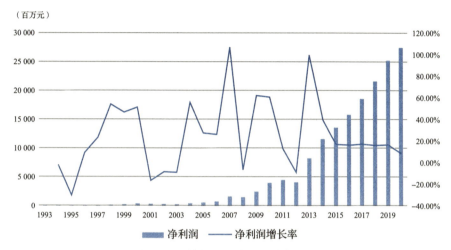

图 20-1　美的集团净利润增长分析

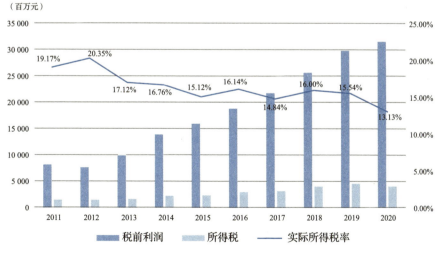

图 20-2　美的集团实际所得税率分析

图 20-3 美的集团主营业务利润占比分析

如图 20-4 所示,美的 2020 年税后净利润 275 亿元,同期经营活动现金净流入 296 亿元,现金净流入是净利润的 1.07 倍。较上年的 1.53 倍有较大幅度下降,表明公司净利润的含金量有所下降。过

图 20-4 美的集团净利润现金含量倍数分析

去 10 年平均为 1.42 倍，表明公司日常经营处于非常健康的状态。

再从股东回报的角度来分析，2020 年税后可供股东分配的净利润为 275 亿元，期末股东权益合计为 1242 亿元，股东权益报酬率为 22.14%，略低于上年 23.51% 的水平，如图 20-5 所示。过去 10 年公司股东权益报酬率平均为 22.82%，一直处于股东权益的高回报行列。

图 20-5　美的集团股东权益报酬率分析

## 20.2　格力电器业绩受新冠肺炎疫情影响严重

如图 20-6 所示，格力电器 2020 年净利润 223 亿元，较上年的 248 亿元有所下降，下降幅度为 10.26%，主要是因为最近两年应对新冠肺炎疫情局势的策略失当。较 2011 年的 53 亿元增长近 3 倍，复合增长率达到 17.3%。截止到 2018 年，格力电器业绩增长的表现都特别优秀。最近两年业绩表现持续下滑表明格力电器的经营模式抗风险能力较弱。

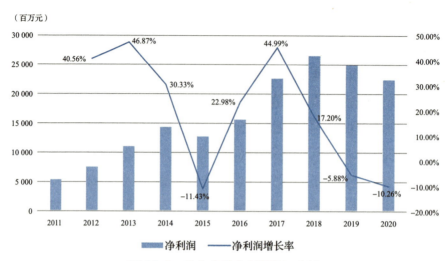

图 20-6　格力电器净利润增长分析

如图 20-7 所示，2020 年格力电器交纳所得税 40 亿元，占税前利润的 15.32%，与上年基本持平，略高于美的的 13.13%，其中一

图 20-7　格力电器实际所得税率分析

个主要原因可能是美的利润中包含了一定比例的公允价值变动收益而影响了实际税率。

格力 2020 年税前利润为 263 亿元，其中，投资净收益、公允价值变动收益、营业外收支净额等贡献 9.08 亿元，仅占税前总利润的 3.45%。96.55% 的利润由主营业务贡献。由此也可看出格力主营业务利润占据了税前利润绝对主导的地位。

如图 20-8 所示，2020 年经营活动现金净流入 192 亿元，是同期净利润的 0.86 倍，比上年的 1.12 倍有较大幅度下降。相对于美的而言，这一指标低了很多。而且，在过去 10 年，这一指标的波动很大。高点是 2015 年，高达 3.52 倍；低点在 2011 年，仅为 0.63 倍。10 年平均倍数为 1.26 倍，明显低于美的 1.42 倍的水平。从 10 年的时间窗口来看，虽然格力的净利润也具有较高的现金含量，但期间的剧烈波动表明公司的管理风格具有较大的随意性。

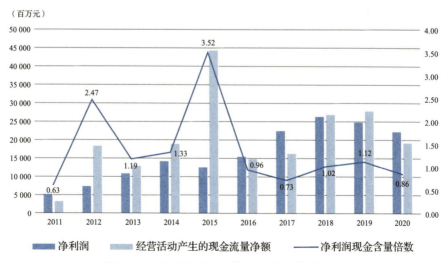

图 20-8　格力电器净利润现金含量倍数分析

如图20-9所示，格力2020年股东权益报酬率为19.06%，低于上年22.16%的水平，但10年平均股东权益报酬率高达26.2%，也属于绩优俱乐部的成员，只是过去三年下滑比较厉害。

图20-9　格力电器股东权益报酬率

## 20.3　海尔智家逆势增长，或与其全球布局有关

如图20-10所示，海尔智家2020年税后净利润为113亿元，较上年123亿元下降8.2%，过去10年的复合增长率为13.41%。2020年交纳所得税22亿元，实际所得税率为16.47%。

如图20-11所示，海尔智家2020年税前利润为136亿元，其中，公允价值变动收益、投资收益、资产处置收益、营业外收支等贡献25.64亿元，占税前利润的18.91%，这或与海尔智家的权益类投

图 20-10　海尔智家净利润增长分析

图 20-11　海尔智家主营业务利润贡献分析

资占比较高相关。截止到2020年底，海尔智家的权益类投资余额为246亿元，占总资产2035亿元的12.08%，却贡献了41.23亿元的投资净收益，占税前利润的30.42%，表明公司对外投资取得了异乎寻常的高收益。不过，令人稍感不安的是，海尔智家的这些长期股权投资收益大多来自与海尔控股股东海尔集团公司和海尔国际家电直接关联的企业。

如图20-12所示，海尔智家2020年经营活动现金净流入176亿元，是同期税后净利润的1.55倍。过去10年平均为1.42倍，表明海尔智家的净利润同样具有很高的现金含量。

图20-12　海尔智家净利润现金含量倍数分析

如图20-13所示，海尔智家2020年股东权益报酬率为16.62%，较上年的18.98%略有下降。过去10年平均股东权益报酬率为19.77%，虽然排在格力与美的之后，但仍然属于股东高回报公司之列。

图 20-13　海尔智家股东权益报酬率分析

## 20.4　惠而浦、伊莱克斯因新冠肺炎疫情而受到拉动

惠而浦与伊莱克斯，当属家电企业中的难兄难弟。惠而浦 2020 财年税后净利润为 10.7 亿美元，较上年的 11.98 亿美元略有下降。纵观过去 10 年可以发现，过去两年它明显受到了新冠肺炎疫情的拉动，在过去几年中业绩表现最好。虽然 2019 财年扭亏为盈，实现净利润 11.98 亿美元，但主要是因为出售了 Embraco 压缩机业务给日本京都的 Nidec 公司，实现了资本利得（该项业务的交易价格为现金 10.8 亿美元）。2020 财年却是因销售毛利提升而带来盈利的。纵观过去 10 年，惠而浦的经营性利润虽薄，但保持稳定。非经营性财务成本、重组损失成为困扰公司盈利的主要因素。其中，非经营性损失占税前利润的 64.55%。

过去 10 年，公司累计实现税后净利润 65.71 亿美元，交纳所得税 26.47 亿美元，实际所得税率为 31.72%。公司经营活动现金净流入要明显好于它的账面业绩：2020 财年报表利润 10.71 亿美元，同期经营活动现金净流入高达 15 亿美元；过去 10 年累计净收益 65.71 亿美元，同期经营活动现金净流入高达 116 亿美元，达 1.77 倍。这也是支持惠而浦在盈亏边缘尚能健康运转的重要原因。

由于其较高的负债水平，所以，即使它盈利并不丰厚，但在过去 10 年，平均股东权益报酬率仍然可以达到 13.68%，2020 财年高达 22.74%，如图 20-14 所示。

图 20-14　惠而浦股东权益报酬率分析

如图 20-15 所示，伊莱克斯 2020 财年税后净利润为 39.88 亿瑞典克朗，较上年的 18.2 亿瑞典克朗大增 119.12%。伊莱克斯的盈利水平在过去 10 年内虽然起起落落，但总体上仍然保持了所有年度盈利，复合增长率为 7.59%。

2020 财年税前利润为 50.96 亿瑞典克朗，交纳所得税 11.08 亿瑞典克朗，实际所得税率为 21.74%，经营活动现金净流入 119.32 亿瑞典克朗，是净利润的 2.99 倍，表明公司的日常管理和运营仍然很健康。从财务报表的角度来说，虽然伊莱克斯的盈利水平远不如中国家电业巨头，但相对于惠而浦来说，伊莱克斯的财务和业绩要健康很多，过去10年平均股东权益报酬率也更高，为15.46%，2020财年为21.32%。

图 20-15　伊莱克斯净利润增长分析

综上，相对于国际巨头惠而浦和伊莱克斯来说，中国家电业巨头正处于盈利的黄金时代，销售收入、销售毛利、净利润、现金流等核心指标均保持了稳步增长，盈利能力强，财务风险低。这或许得益于三个因素：① 中国工人的劳动生产率高、人工成本低；② 中国消费市场的快速增长和包容性；③ 中国家电企业产品品质提升和创新能力增强。

薛云奎<br>
成稿于 2020 年 3 月 17 日<br>
修改于 2021 年 10 月 26 日

第 21 章

# 中国家电业的成功之道与未来展望

在前述分析中，我们对比了美的、格力、海尔、惠而浦和伊莱克斯5家全球家电业巨头过去10年甚至更长时期（个别指标）的财务报表。从报表销售收入的角度看，美的、格力、海尔在中国，在亚洲，乃至在全球，都可以排在前三位。韩国三星的家电收入超过400亿美元，理论上应该排第二，但因其家电业务没有独立的财报，所以，我们未将其列入排名。

日本的家电企业曾经雄霸一时，现在大多已走向没落或转型，几乎找不出专业化、大规模的独立家电企业，所以，在本章的案例中我们未对其做比较和分析。

惠而浦是美国的，也是除中国之外的全球家电业巨头，伊莱克斯则是欧洲规模最大的家电企业，但二者在销售收入的规模上都排在中国家电业三巨头之后。在欧洲，博西家电因收购了西门子，其销售规模与市场影响力并不在伊莱克斯之下，但因其未独立上市，我们也未将其纳入比较的范围。因此，以下结论由于受样本和数据的限制，并不完整和可靠，结论也并不具有充分的代表性，仅供大家参考。

中国家电业的成功，概括起来，我认为可以归纳为如下几个方面。

## 21.1　中国家电消费市场增长

中国家电行业之所以能够造就美的、格力和海尔三巨头进入全球前三的排名，首先得益于中国巨大的家电消费市场增长。从三家企业的持续增长数据，我们可以窥见一斑。

美的从 1993 年上市以来，增长了 304 倍，复合增长率高达 23.6%；海尔从 1993 年上市以来，增长了 263 倍，复合增长率为 22.93%；格力从 1996 年上市以来，增长了 59 倍，复合增长率为 18.6%。

如表 21-1 所示，如果单从过去 10 年来看，美的增长最快，复合增长率为 13.27%；其次是海尔，复合增长率为 12.33%；格力排在最后，复合增长率为 8.25%。

虽然过去 10 年内三家公司的销售增速已明显放缓，但仍远快于欧美巨头——惠而浦和伊莱克斯的增长。惠而浦过去 10 年的复合增长率仅为 0.46%，而伊莱克斯则仅为 1.48%。

随着中国家电消费市场的逐渐饱和，我相信未来 10 年，中国家电业的增速还会进一步放缓。由此，未来的家电世界版图仍然存在很大的变数和不确定性。尤其是在过去 10 年，家电业市场的集中化程度不仅没有进一步提高，反而有分散的趋势，这说明新兴的家电企业

表 21-1 销售及增长对比分析表

| 公司 | 项目 | 2011 | 2012 | 2013 | 2014 | 2015 | 2016 | 2017 | 2018 | 2019 | 2020 | 复合增长率 |
|---|---|---|---|---|---|---|---|---|---|---|---|---|
| 美的集团 | 销售收入 | 93 108 | 68 071 | 121 265 | 142 311 | 139 347 | 159 842 | 241 919 | 261 820 | 279 381 | 285 710 | |
| | 销售收入增长率 | | −26.89% | 78.14% | 17.36% | −2.08% | 14.71% | 51.35% | 8.23% | 6.71% | 2.27% | 13.27% |
| 海尔智家 | 销售收入 | 73 663 | 79 857 | 86 488 | 88 775 | 89 748 | 119 066 | 159 254 | 183 317 | 200 762 | 209 726 | |
| | 销售收入增长率 | | 8.41% | 8.30% | 2.65% | 1.10% | 32.67% | 33.75% | 15.11% | 9.52% | 4.46% | 12.33% |
| 格力电器 | 销售收入 | 83 517 | 100 110 | 120 043 | 140 005 | 100 564 | 110 113 | 150 020 | 200 024 | 200 508 | 170 497 | |
| | 销售收入增长率 | | 19.87% | 19.91% | 16.63% | −28.17% | 9.50% | 36.24% | 33.33% | 0.24% | −14.97% | 8.25% |
| 伊莱克斯 | 销售收入 | 101 598 | 109 994 | 109 151 | 112 143 | 123 511 | 121 093 | 122 060 | 124 129 | 118 981 | 115 960 | |
| | 销售收入增长率 | | 8.26% | −0.77% | 2.74% | 10.14% | −1.96% | 0.80% | 1.70% | −4.15% | −2.54% | 1.48% |
| 惠而浦 | 销售收入 | 18 666 | 18 143 | 18 769 | 19 872 | 20 891 | 20 718 | 21 253 | 21 037 | 20 419 | 19 456 | |
| | 销售收入增长率 | | −2.80% | 3.45% | 5.88% | 5.13% | −0.83% | 2.58% | −1.02% | −2.94% | −4.72% | 0.46% |

注：美的集团、海尔智家、格力电器的销售收入的单位为百万元人民币，伊莱克斯销售收入的单位为百万瑞典克朗，惠而浦销售收入的单位为百万美元。

在争夺创新产品市场方面拥有更大的优势。因此，在人工智能和互联网销售迅猛发展的背景下，未来家电业版图会如何演变，目前还很难预料。

## 21.2　中国家电产业的市场化

在众多行业中，中国家电制造业也许是政府最早解除管制、市场化程度最高的行业。在 20 世纪 90 年代，家电行业的市场竞争可以说异常激烈和残酷。在政府放松管制的前提下，产能过剩、价格战是常态。所以，能够存活到今天的家电企业，都经历了市场烈火的考验。尤其是 20 世纪末和 21 世纪初，市场竞争进入白热化，一大批过剩产能被淘汰出局。

激烈的市场竞争对弱者或许残酷无情，但对强者是发展良机。从财报层面来说，目前的中国家电业三巨头正是在中国家电业竞争最激烈的 10 年中，赢得了高速增长和大发展，在前文中我将这 10 年称为黄金 10 年。尤其是在 2000～2010 年，市场份额迅速向三巨头集中。三巨头在此期间也都赢得了 30%～50% 的高速增长。美的在此期间收购了荣事达和小天鹅，不仅顺利从空调领域扩展到洗衣机领域，而且一举奠定了它在国内家电企业中的龙头地位。可以设想，如果没有市场竞争的优胜劣汰，中国家电业也就不可能迅速做大做强，所以，市场化其实是成就当今中国家电业独步天下的重要秘诀。

## 21.3　企业发展的国际对标与全球经营

无独有偶，中国家电业三巨头在发展的早期，都曾有辉煌的国际化发展史。美的在20世纪80年代末90年代初,号称广东省的出口创汇大户。风扇约70%出口,空调约15%出口。格力在上市之初也称其空调产品远销日本、泰国、新加坡、菲律宾、西班牙、意大利、德国、法国、瑞士、挪威等20多个国家和地区,出口量居国内同行业首位。海尔在1993年上市招股说明书中也同样指出:公司是国家大型电冰箱骨干企业和出口基地,产品远销欧洲、美洲、东南亚国家和地区,是亚洲出口德国市场冰箱数量最多的厂家。

如果说中国企业早期的国际化是政府关税保护的结果,根据美的上市招股说明书披露,当年国产空调在国内市场的价格较进口空调更低的主要原因是依靠对进口空调征收100%~130%的高关税和一些非关税措施保护,那么,现如今的国际化,则早演变为纯市场化的竞争结果了。

如图21-1所示,根据2020年美的的年报,源自海外的销售收入1211亿元,占销售总收入的42.60%,2016年和2012年的占比为最高和次高,分别为47.97%和46.79%。其具有较高的国际化程度,是目前中国家电企业中国际化收入规模最大的公司。

海尔2020年海外销售收入1014亿元,仅次于美的的海外收入,占当年销售收入总额的48.59%,占比要高于美的,表明海尔的国际化程度更高。在最近两年新冠肺炎疫情期间,海尔的国际市场收入迎来了较大增长。2016年或因报表合并,海尔海外收入占比有大幅度的增长。2016年之前,源自海外收入的占比较低。

格力的国际化步伐相对于海尔和美的来说,更慢一些。2020年度格力源自海外的销售收入为200亿元,占销售总收入的11.90%。过去10年的峰值在2011年,占当年销售收入的17.42%。大部分年份的海外收入占比维持在10%~15%。同样可能是受新冠

图 21-1 美的集团海外收入占比分析

肺炎疫情的影响,格力最近两年的国际化收入增长明显减缓,甚至出现负增长,这或许是因为海尔国际化能力源于购并,有较好的本土化资源;而格力则主要依靠自身努力,本土化资源整合能力可能更弱一些。

美的与海尔国际化程度更高,或许与它们的国际化购并与合作动作频频有关。美的收购联合技术埃及公司,以开拓非洲市场;收购开利南美公司,以拓展拉美市场;收购东芝,布局日本和整个亚洲市场;收购库卡集团和意大利 Clivet,开始进入欧洲市场。而海尔最早收购海尔集团与三菱合资公司的股份,随后又重金收购通用家电业务,拓展和巩固北美市场的地位,收购意大利 Candy,以布局欧洲市场。经过多年的辛勤耕耘,美的与海尔的国际化经营在目前都已取得不俗的业绩,海外销售规模已逐步接近总收入的一半。

相较之下,格力更加依赖国内市场和内生性增长,虽然它在国际市场上的影响力远不如美的和海尔，但其稳扎稳打、步步为营的国际化发展策略也使其海外收入保持了持续稳定的增长，只是目前的占比还比较低，期待在未来也能够获得规模上的突破。

当然，全球经营除了有助于拓展公司收入增长空间之外，更大的一个作用是锻炼公司更广泛意义上的国际竞争力，降低经营风险。其中不仅仅包括产品的创新，还包括应对跨文化的团队建设与管理能力的挑战。新冠肺炎疫情大概就是一个试金石。美的与海尔之所以受新冠肺炎疫情影响稍小，很可能与它们的国际化程度更高有关。而格力受新冠肺炎疫情影响明显，很可能因为它更加依赖中国市场。原本格力的销售收入排名第二，但由于海尔最近两年保持了更快的国际业务增长，一举超越格力成为第二。在众多家电企业的竞争沉浮中，为什么是这些最早涉足国际化经营的企业沉淀下来并脱颖而出，我相信这与它们所树立的国际化标杆不无关联。就未来展望而言，进一步的国际化与全球经营，也许是在下一轮竞争中胜出的必由之路。

## 21.4　研发投入与产品创新

中国家电企业从模仿到创新，用 30 年时间走完了西方企业近百年的发展历程。从产品毛利率的变化趋势上来判断，中国家电企业的产品品质和创新在过去 10 年有巨大进步。美的、格力、海尔 10 年前的销售毛利率大多低于 20%，赚取的是微薄的加工费用，说不上有产品的差异性与高品质。但在过去 10 年，美的集团销售毛利率从 18.78% 提升到 25.5%，2019 年更是高达 29.16%；格力电器从 18.42% 提升到 27.14%；海尔智家从 23.62% 提升至 29.68%，如表 21-2 所示。

第21章 中国家电业的成功之道与未来展望    247

表21-2 销售毛利率对比分析表

| 公司 | 项目 | 2011 | 2012 | 2013 | 2014 | 2015 | 2016 | 2017 | 2018 | 2019 | 2020 |
|---|---|---|---|---|---|---|---|---|---|---|---|
| 美的集团 | 销售收入 | 93 108 | 68 071 | 121 265 | 142 311 | 139 347 | 159 842 | 241 919 | 261 820 | 279 381 | 285 710 |
|  | 销售毛利 | 17 489 | 15 530 | 28 447 | 36 641 | 36 684 | 44 226 | 61 458 | 73 655 | 81 467 | 72 870 |
|  | 销售毛利率 | 18.78% | 22.81% | 23.46% | 25.75% | 26.33% | 27.67% | 25.40% | 28.13% | 29.16% | 25.50% |
| 格力电器 | 销售收入 | 83 517 | 100 110 | 120 043 | 140 005 | 100 564 | 110 113 | 150 020 | 200 024 | 200 508 | 170 497 |
|  | 销售毛利 | 15 385 | 26 907 | 39 657 | 51 983 | 34 547 | 37 227 | 50 457 | 61 790 | 57 009 | 46 268 |
|  | 销售毛利率 | 18.42% | 26.88% | 33.04% | 37.13% | 34.35% | 33.81% | 33.63% | 30.89% | 28.43% | 27.14% |
| 海尔智家 | 销售收入 | 73 663 | 79 857 | 86 488 | 88 775 | 89 748 | 119 066 | 159 254 | 183 317 | 200 762 | 209 726 |
|  | 销售毛利 | 17 399 | 20 153 | 21 902 | 24 430 | 25 090 | 36 939 | 49 365 | 53 162 | 59 894 | 62 251 |
|  | 销售毛利率 | 23.62% | 25.24% | 25.32% | 27.52% | 27.96% | 31.02% | 31.00% | 29.00% | 29.83% | 29.68% |
| 惠而浦 | 销售收入 | 18 666 | 18 143 | 18 769 | 19 872 | 20 891 | 20 718 | 21 253 | 21 037 | 20 419 | 19 456 |
|  | 销售毛利 | 2 577 | 2 893 | 3 298 | 3 395 | 3 690 | 3 682 | 3 602 | 3 537 | 3 533 | 3 850 |
|  | 销售毛利率 | 13.81% | 15.95% | 17.57% | 17.08% | 17.66% | 17.77% | 16.95% | 16.81% | 17.30% | 19.79% |
| 伊莱克斯 | 销售收入 | 101 598 | 109 994 | 109 151 | 112 143 | 123 511 | 121 093 | 122 060 | 124 129 | 118 981 | 115 960 |
|  | 销售毛利 | 18 758 | 22 253 | 21 259 | 21 655 | 23 598 | 25 273 | 25 549 | 23 221 | 19 799 | 22 272 |
|  | 毛利率 | 18.46% | 20.23% | 19.48% | 19.31% | 19.11% | 20.87% | 20.93% | 18.71% | 16.64% | 19.21% |

注：美的集团、格力电器、海尔智家的销售收入、销售毛利的单位为百万元人民币，惠而浦的销售收入、销售毛利的单位为百万美元，伊莱克斯的销售收入、销售毛利的单位为百万瑞典克朗。

从数据上来说，格力过去 10 年产品品质提升幅度最大，但这也许有报表呈报的原因，因为 2011 年正好是格力销售毛利率的低谷，其前后年份的销售毛利率分别为 22.03% 和 26.88%；美的如果剔除 2020 年数据，其提升幅度最大。美的和格力的销售毛利率均因新冠肺炎疫情影响显得有些疲软，唯独海尔是个例外。如表 21-2 所示，海尔的销售毛利率受新冠肺炎疫情影响最小，过去三年分别为 29.00%、29.83% 和 29.68%，是新冠肺炎疫情期间真正的大赢家。由此可以看出，中国家电企业的产品品质在过去 10 年整体上有大幅度的提升。

目前中国家电企业的销售毛利率已经普遍超越以伊莱克斯和惠而浦为代表的欧美家电企业的水平。不仅如此，中国家电企业在研发投入的规模和力度上，也开始远远领先于西方家电企业。美的 2020 年研发投入已达 101 亿元，格力 62 亿元，海尔 72 亿元。这三家公司的研发投入规模都已超过惠而浦（5.72 亿美元）和伊莱克斯（39.6 亿瑞典克朗）。由此也可看出，中国家电企业完全有实力在未来引领家电业的发展方向。

## 21.5　股权改革与公司治理

中国家电企业之所以能够取得令世人瞩目的成就，有一个众所周知的原因——股权激励与公司治理。华为的胜出是依靠建立了独一无二的员工持股制度，而中国家电业企业的成功，股权制度改革仍然功不可没。

所有制改革是中国改革开放过程中面临的最大困难与挑战。1978 年，我国率先在农村推行"家庭联产承包责任制"，在土地所有权性质不变的前提下，成功释放了生产力，解决了长期粮食短缺的吃饭问题。然后，农村改革所取得的成功经验开始向城市移植，这就是出现在 20 世纪 80 年代中后期的企业"承包经营责任制"。相对于"家庭联产承包责任制"而言，企业"承包经营责任制"则要复杂得多。工业企业的产出完全不同于土地的产出，不仅品类复杂，质量各异，而且定价体系异常混乱。因此，要通过会计系统公允地计量一家企业的收入、成本、费用、利润，在当时的市场条件下几乎是不可能的，这必然导致承包契约高度的不确定。在"承包经营"基础上衍生出的"租赁经营"，同样不能修正会计系统缺失的局限，所以，租赁合约同样因缺乏公允会计信息支撑而难以恰当履行。

经过 20 世纪 80 年代中后期的各种尝试，1992 年，党的十四大明确提出了经济体制改革的目标是建立社会主义市场经济体制，并开始在大中型企业推行公司制、股份制，以及多种形式的改组和联合。正是这种积沙成塔的改革方式，才开始引导市场机制与企业改制的协同发展；也正是在这样的大背景下，美的、海尔、格力才得以孕育、成长与壮大。

### 21.5.1 美的，顺势而为

美的 1992 年 5 月经批准改制为内部股份公司，总股本 6325 万股。其中，原公司净资产折股 4427.5 万股，由顺德市北滘镇经济发展总公司持有；内部职工认购 1897.5 万股。这或许就是中国最早的混合所有制。

1993 年 5 月，顺德市北滘镇经济发展总公司经政府批准从所持有的 4781.7 万股中转让出 750 万股给其他法人。公司在 1993 年挂牌上市，简称"粤美的 A"。顺德市北滘镇经济发展总公司持股

44.265%，成为公司实际控制人。[197]

1995年8月，公司经批准实施配股计划，每10股配3股。[198]大股东因缺乏资金参与配股，以每份0.2元的价格转让其配股权，配股实施后的控股比例被缩减为38.69%。[⊖]

1998年9月，顺德市北滘镇经济发展总公司将所持股份一分为二，其中28.07%转让给顺德市北滘投资发展有限公司，自己持有余下的7.98%，变身为第二大股东。[199]同年11月，北滘投资发展有限公司更名为"美的控股有限公司"，[⊖]法人代表为何享健。[200]这样，美的控股股东与美的上市公司通过这一变更达成统一控制的目的，为后期的股权改革理顺了关系。

1999年7月，公司再次以每10股配售3股的比例实施配股，由于法人股东放弃配股，美的控股的持股比例在配股实施后下降为26.32%，但仍然是公司第一大股东。[201]

2000年，是美的发展历史上的转折点。美的管理层开始正式启动管理层收购计划。美的首先以工会委员会和21名自然人股东成立顺德市美托投资有限公司，注册资本为1036.87万元。然后，先后两次申请受让美的控股转让的法人股股份，受让后的美托投资持有公司总股份的22.19%，成为公司第一大股东和实际控制人。[202]这之后的股权变更故事在最早的序章中已有讲述，在此不再赘述。

---

⊖ 1996年8月，公司发布公告称，顺德市北滘镇经济发展总公司同意将所持股份中的700万股转让于顺德北滘蚬华投资服务公司。转让完成后，其所持股份总额下降为35.3%，仍为美的第一大股东。

⊖ 并受让顺德市凯源实业发展有限公司1.2%和顺德市北滘星火科技产业公司0.4%股份。受让后，美的控股的持股比例上升为29.66%。

## 21.5.2 格力,一波三折

格力同样也是特殊时代背景下的特殊产物,但它探索出了一条与美的不同的股权改革之路。格力的改革经验,对当前的国企改革来说,同样具有非凡的借鉴意义。

早在 20 世纪 90 年代初期,格力在尚未正式 IPO 之前,便利用珠海特区的政策优势,先后三次向内部员工、社会公众和其他法人募集股份,1996 年在深圳主板市场挂牌。上市当年的总股份仅为 7500 万股;其中,珠海格力集团持股 60%,是名副其实的大股东;珠海格力房产有限公司持股 10%;珠海华声实业(集团)股份有限公司持股 2%,以上为公司法人股东。[203]

1998 年 4 月,格力获准以 1.5 亿总股本为基数,按 10 配 3 的比例配股,由于法人股东放弃配股,实际向个人股东配售 1260 万股。配股实施后,珠海格力集团持股比例下降为 55.35%。[204]

2000 年 7 月,公司再次获准以总股本 3.25 亿股为基数,按 10 配 3 的比例配股,由于法人股东再次放弃,实际向个人股东共配售总量为 3276 万股。珠海格力集团的持股比例进一步下降为 50.29%。[205]

格力国有股权在公司发展过程中虽然通过放弃配股的方式被连续稀释,但错失了如美的一样的管理层收购良机。直至 2006 年 3 月,格力借势股权分置改革,开始实施管理层激励计划。格力管理层与控股股东达成协议,在完成承诺业绩的前提下,管理层可以以当年每股净资产值向控股股东协议购买其所持股份,总额限定为 2639 万股。

格力法人股东通过向流通股东每 10 股支付 2.7 股的对价,完成股权分置改革。方案实施后,珠海格力集团的持股比例下降为

39.74%。与此同时，格力集团与管理层达成协议，转让10%的股份给格力电器经销商联盟——河北京海担保投资有限公司㊀，转让后，格力集团的持股比例进一步下降为29.74%。

格力集团协议转让给管理层的股份2639万股，计划分三年实施，每年转让713万股，连续三年共转让2139万股，剩余500万股的转让计划另行拟定。

第一次（2006年7月6日）转让713万股，分别由格力高管人员、中层干部、业务骨干及控股子公司高管人员，共计94人分享，转让价格为当年经审计财报净资产值5.07元/股。高管人员（共6人）分享395.3万股，占激励股权总数的55.44%；其中，朱江洪（董事长）和董明珠（总裁）各150万股。中层干部、业务骨干以及控股子公司高管人员（共88人）分享317.7万股，占激励股权总数的44.56%。[206]

第二次（2007年）转让，因股份转增原因，713万股增加为1069.5万股，激励范围扩大到中高层管理人员及业务骨干共603人，转让价格为当年每股净资产值3.87元。高层管理人员（共6人）分享570.6万股，占激励股权总数的53.35%；其中，朱江洪、董明珠分获250万股。中层干部、业务骨干以及控股子公司高管人员分享498.9万股，占46.65%。[207]

第三次（2009年1月16日）转让，因股份转增，原始的713万股激励股份增长为1604.25万股，激励范围进一步扩大到中高层及业务骨干，共计1059人。转让价格为当年每股净资产值4.494元。[208]其中，高层管理人员（6名）分享524.5万股，占激励股权总数的

---

㊀ 河北京海担保投资有限公司由格力电器的主要销售公司出资成立。

32.69%；中层干部、业务骨干以及控股子公司高管人员（1053 名）的激励股权数量为 1079.75 万股，占 67.31%。其中，朱江洪和董明珠各获得 226 万股。转让完成后，格力集团的持股比例进一步下降为 21.3%。㊀

由于时过境迁，当年计划转让额度预留的 500 万股，大股东最终决定放弃实施。2019 年 6 月 15 日，格力发布公告称，鉴于剩余股权激励计划因客观原因已无法实质性实施，格力集团决定终止实施剩余股权转让计划，并提出了转让大股东控股地位的设想。[209]

2019 年 4 月 9 日，格力集团函告公司，拟通过以公开征集受让方的方式协议转让格力集团持有的格力电器总股本 15% 的股票。[210] 转让价格不低于提示性公告日（2019 年 4 月 9 日）前 30 个交易日的每日平均价格的算术平均值。㊁

2019 年 10 月 29 日格力电器发布公告，珠海明骏投资合伙企业（有限合伙），以及格物厚德股权投资（珠海）合伙企业（有限合伙）与 Genesis Financial Investment Company Limited 组成的联合体提出了收购意向。2019 年 10 月 28 日，格力集团函告公司，经综合评审后确定珠海明骏投资合伙企业（有限合伙）（以下简称"珠海明骏"）为最终受让方。[211] 成交价格为 46.17 元/股，合计转让价款为

---

㊀ 除此之外，珠海格力集团自 2007 年之后，开始陆续减持公司股份。2007 年 6 月 12 日，格力电器公告称：格力集团通过深圳证券交易系统出售公司股份 9 276 103 股，占公司总股本的 1.15%；格力集团于 2009 年 7 月 15 日～11 月 27 日通过深圳证券交易所交易系统累计出售公司无限售条件流通股 19 083 279 股，占公司总股本的 1.02%。至此，格力集团减持后的持股比例进一步降至 19.45%。2012 年 1 月，公司获准增发不超过 2.5 万股人民币普通股，募集资金总额 32.6 亿元人民币。此次增发后，格力集团的持股比例下降为 18.22%。

㊁ 2019 年 8 月 13 日，公司发布公开征集控股股东拟转让股份受让方的公告，格力集团拟通过公开征集受让方的方式协议转让其持有的格力电器股份 902 359 632 股，占格力电器总股本的 15%，股份性质为非限售法人股，转让价格不低于 45.67 元/股。

416.62亿元。⊖

转让实施后，格力集团仍持有公司 3.22% 的股份。珠海明骏持股 15%，成为格力电器的第一大股东和实际控制人。

公开资料显示，珠海明骏成立于 2017 年 5 月（见图 21-2），执行事务合伙人为珠海贤盈股权投资合伙企业（有限合伙）（简称"珠海贤盈"），背后实际操盘者是高瓴资本。珠海明骏的两个股东分别是深圳高瓴瀚盈投资和珠海贤盈。珠海贤盈的三个股东分别是珠海毓秀投资管理有限公司（简称"珠海毓秀"）、明珠熠辉投资有限公司（简称"明珠熠辉"）和 HH Mansion Holdings（HK）Limited。值得关注的是，明珠熠辉成立于 2019 年 8 月 8 日，同时，它又是珠海毓秀、珠海贤盈、珠海熠辉投资管理合伙企业（有限合伙）的投资方。至于明珠熠辉与格力电器董事长兼总裁董明珠之间是否有关联，目前还不得而知。

| 名称： | 珠海明骏投资合伙企业（有限合伙） |
| --- | --- |
| 商事主体类型： | 有限合伙企业 |
| 统一社会信用代码： | 91440400MA4WJBCR4W |
| 成立日期： | 2017年5月11日 |
| 住所： | 珠海市横琴新区宝华路6号105室-30162（集中办公区） |
| 执行事务合伙人： | 珠海贤盈股权投资合伙企业（有限合伙）（委派代表：马翠芳） |
| 基金管理人： | 珠海高瓴股权投资管理有限公司 |
| 基金备案编号： | SGY704 |
| 经营范围： | 协议记载的经营范围:股权投资。（依法须经批准的项目,经相关部门批准后方可开展经营活动） |

图 21-2　珠海明骏

格力之所以取得目前的成就，与公司现任董事长董明珠关系密

---

⊖ 2019 年 12 月 2 日，公司控股股东格力集团与珠海明骏签署《股份转让协议》，约定珠海明骏以 46.17 元 / 股的价格受让格力集团持有的格力电器股份 902 359 632 股（占格力电器总股本的 15%），合计转让价款为 41 661 944 209.44 元（大写：肆佰壹拾陆亿陆仟壹佰玖拾肆万肆仟贰佰零玖圆肆角肆分）。

切。她出生于南京一个普通家庭，毕业于安徽省芜湖干部教育学院统计学专业，1975 年在南京一家化工研究所做行政管理工作，1990 年加入格力做销售。1992 年，她在安徽的销售额突破 1600 万元，占整个公司销售的 1/8。随后，被调往销售几乎空白的南京市场，一年内，个人销售额高达 3650 万元。[212]1994 年底，董明珠在格力核心团队面临解体的严峻挑战下临危受命，全票当选为公司经营部部长，2002 年出任董事、总经理。

在时任格力集团董事长、党委书记、总裁的朱江洪的支持下，格力缔造了业界著名的"朱董配"神话。根据百度百科，格力掌门人朱江洪主管研发和生产，为人低调务实，打造出格力不断创新的技术优势和扎实稳健的经营风格；董明珠主管市场和销售，个性张扬，遇事果敢。科龙电器前总裁王国端曾形容："朱江洪遇到董明珠是朱的福气，董明珠遇到朱江洪是董的运气。"

2012 年朱洪江退休，人们曾经一度担心董明珠在格力的地位不保，但事实证明，她不仅顺利接班，而且还进一步巩固了她在格力电器的地位。根据 2017 年《福布斯》排名，董明珠位列中国最杰出商界女性排行榜榜首。[213]

### 21.5.3　海尔，雾里看花

海尔探索了一条完全不同于美的和格力的股权改革之路。不过，相较于美的与格力，海尔所选择的改革路径最具神秘性。第一，海尔智家的实际控制人不明确。第二，海尔或许构造了世界上最复杂的股权结构体系，以至于市场难以评估这些控股权的价值和海尔神话的缔造者张瑞敏的个人身价。

张瑞敏是海尔第一和第二大股东的法定代表人。百度百科介绍，张瑞敏是中共党员，1949年1月5日出生于山东莱州，"人单合一"模式创立者，全球50大思想管理家之一，中国共产党第十六届、十七届、十八届中央委员会候补委员。2018年被授予改革先锋称号，颁授改革先锋奖章。2019年荣获"福布斯中国终身成就奖"。2019年10月19日，入选2019福布斯年度商业人物之跨国经营商业领袖名单。[214]

海尔第一、第二大股东为海尔电器国际股份有限公司（以下简称"电器国际"）和海尔集团公司（以下简称"海尔集团"）。根据最新公开资料，目前的持股比例分别为19.76%和16.84%。

根据海尔集团网站，海尔集团创立于1984年，是一家全球领先的美好生活解决方案服务商。2018年，海尔集团全球营业额达2661亿元，同比增长10%；全球利税总额突破331亿元，同比增长10%；生态收入达151亿元，同比增长75%。海尔集团已成功孵化上市公司4家，独角兽企业2家，准独角兽及瞪羚企业12家，在全球设立10大研发中心、25个工业园、122个制造中心，拥有海尔、卡萨帝、统帅、美国GE Appliances、新西兰Fisher&Paykel、日本AQUA、意大利Candy等智能家电品牌；日日顺、盈康一生、卡奥斯COSMOPlat等服务品牌；海尔兄弟等文化创意品牌。

海尔于1993年11月上市，海尔集团持股1.05亿股，占总股本的61.75%。[215]1996年和1997年分两次配股，海尔集团一次以实物资产折价参与配股，另一次放弃。配股实施后，其持股比例下降为55.09%。[216]

1997年12月26日，海尔集团所持股份一分为二：海尔集团直接持有35.08%，将另外20.01%的股权转让给海尔集团控股的青岛海尔洗衣机股份有限公司（1999年更名为青岛海尔电器国际股份有限公司），转让价格 3.88 亿元。[217]

1999 年 7 月 28 日，海尔再次以 10∶3 比例配股。法人股东全部放弃，海尔集团与电器国际持股比例分别下降为 31.44% 和 17.93%。[218] 2001 年 1 月，海尔向社会公开增发 1 亿股，募集资金 17.48 亿元，海尔集团和电器国际的控股比例在增发后分别下降为 26.71% 和 15.24%。[219]

2001 年 8 月，海尔集团将其持有的海尔 14.71% 的法人股股权，以增资方式注入电器国际。㊀增资完成后，电器国际的持股比例上升为 29.95%，成为第一大股东，海尔集团为 12%，退为第二大股东。[220]

2006 年 5 月，海尔以 10 送 1 股和 9 张认股权证的方式，换取非流通股东的流通权。方案实施后，电器国际的持股比例下降为 26.30%，海尔集团持股比例下降为 10.54%。[221]

2007 年 5 月，海尔以定向增发方式向海尔集团购买资产，这些资产包括：青岛海尔空调电子有限公司 75% 的股权、合肥海尔空调器有限公司 80% 的股权、武汉海尔电器股份有限公司 60% 的股份，以及贵州海尔电器有限公司 59% 的股权。购买实施后，海尔集团的持股比例上升为 20.03%，电器国际的持股比例下降为 23.51%。[222]

2014 年 7 月，公司为引进境外战略投资者——KKR Home Investment S.à r.l.（以下称"KKR（卢森堡）"），非公开定向增发 10% 股份，募集资金 32.81 亿元。电器国际的持股比例因此而下降为 20.77%，海尔集团的持股比例下降为 17.7%。KKR（卢森堡）成为第三大股东，持股 10%。[223]

---

㊀ 增资完成后，海尔集团持有电器国际股权由 88.17% 增加到 93.44%。

2018年12月18日，海尔智家向社会公开发行总额为人民币30亿元可转债，期限6年。转股实施后，电器国际的持股比例下降为19.76%，海尔集团的持股比例下降为16.84%。[224]截至2019年年报，电器国际与海尔集团合计持股比例仍然高达36.6%。

2020年12月22日，海尔发布公告，其H股股票将于12月23日在香港联交所主板市场挂牌并上市交易，原海尔电器完成私有化退市。[225]H股上市后的股份变动情况是：香港中央结算（代理人）有限公司持股20.17%，海尔卡奥斯股份有限公司（原海尔电器国际股份有限公司）持股13.94%，海尔集团公司持股11.88%。[226]

通过梳理上述股权变迁历史，我们发现：

（1）海尔利用娴熟的资本运作技巧，先后向不同投资对象（大股东、社会公众和境外投资者）增发股份，募集额度分别为17.48亿元、7.06亿元和32.15亿元。其间的差别在于：大股东换取股份用的是实物资产，而其他投资人用的均为现金资产；除此之外，大股东实施配股计划的缴款也是采用的实物资产折价。

（2）海尔自上市以来，先后尝试了各种令人眼花缭乱的融资方式，累计向投资者直接融资160.72亿元，占2020年度末股东权益合计的23.60%。美的自上市以来累计融资96.46亿元（含原美的电器），占2020年度末股东权益合计的7.76%。格力自上市以来累计融资51.52亿元，占2020年度末股东权益合计的4.41%。

（3）海尔自上市以来累计实现税后净利润716亿元，已实施现金分红26次，分配现金201亿元。美的自上市以来累计实现税后净利润1674亿元，已实施现金分红27次（含原美的电器），分配现金638亿元；格力自上市以来累计实现税后净利润1846亿元，已实施现金分红22次，累计分配现金843亿元。

三家公司对比之下谁才是真正的王者？穿透财报，便可一目了然。从累计盈利和分配来说，格力毫无争议地成为王者，是中国当前家电企业中最具投资价值的公司。尽管它最近两年受新冠肺炎疫情或公司治理变更影响出现了严重的滑坡，但未来是否还能重振雄风，值得我们期待。

薛云奎

成稿于 2020 年 3 月 23 日

修改于 2021 年 10 月 27 日

# 跋

　　《商道就是共享》并不是一本单纯的财报分析书，它是一本试图将管理思想与财报数据深度融合的商业宝典。从方法论角度，它将四维分析法的应用又提升到了一个新的高度。在分析过程中，本书除了纵向追溯案例公司各自的发展历程外，还增加了同行公司之间的横向对比。最重要的一点是将公司经营理念和管理思想与财报分析结论深度融合。尤其是像华为这样的公司，可遇而不可求。它历年累积下来的大量管理制度、文化和任正非讲话等公开资料，为本书找到公司管理思想与财报分析的结合点提供了重要线索。这既增加了案例分析的深度和高度，也系统展示了公司战略、经营、管理、财务等诸多商业实践与财报数据背后的底层逻辑关系。很显然，并不是所有的案例分析都可以做到这一点。因为并不是所有的公司都像华为一样积累了丰厚的经营理念和管理思想文献。四维分析法将财报分析和管理实践深度融合，华为案例或许只是一个不可复制的传奇，它的融合也将财报分析的境界推向了一个新高度。

　　本书之所以成稿，实则是一个意外。根据早期的出版规划，本书的大部分内容只是"穿透财报系列"三部曲的一部分。后来因为它内容丰富，风格独特，目标读者群迥异，所以才单独成书。之所以将书名定为《商道就是共享》，并不是为了标新立异、追求时尚，而是用以表达本书的"灵魂"。什么是商道？商道就是共享，共享才是商道。华为如此，美的亦是如此。华为若没有建立"超凡脱俗"的共享机制，或许就无法成就今天的伟大。美的若没有家族企业的职业化传承，或许就很难成就今天的大好局面。

　　共享是一种制度安排，更是承载制度的一种底层价值观，是一种无处不在的文化现象。华为的共享以"员工持股计划"和"轮值董事长制度"为载体，美的的共享则表现为"家族企业的职业化传承"和"全球合伙人制度"的建立。任正非作为华为的创始人仅拥有华为不到1%的股份，方洪波作为美的如今的"掌门人"，其个人股份也仅占总股份的1.68%。很显然，公司的控制有远比资本更重要的东西，那就是企业文化及其底层价值观，这也是企业"行远必自迩，登高必自卑"的法宝。

　　从财报角度来理解，共享既普遍存在于公司剩余利益的分配方面，也普遍存在于经营、管理的各个环节。如在经营环节所建立的企业与顾客对技术进步利益的共享，在管理各环节所建立的企业与员工、供应商、经销商之间对资源节约和效率提升所获利益的共享，在财务环节所建立的企业与外部投资人、信贷人之间风险与成本均衡的共享，在公司持续发展过程中对员工、合作伙伴以及社区成员就业所创造的发展机会和共同价值的共享,等等。所以,商道所建立的共享机制不仅普遍存在于企业与政府之间,企业与股东之间,企业与银行、金融机构之间,企业与员工之间,也普遍存在于企业与合作伙伴之间、企业与社区之间、企业与自然环境之间以及企业与社会各阶层之间。企业唯有建立均衡的利益共享机制,才能笃行致远。

今天,大家看到的这本书,是我在长江商学院教学20周年的一点心得和体会。长江○是一所不同于其他的商学院,60%以上的学员是公司董事长或总经理,也就是通常意义上的核心决策层。因此,帮助这些非财务背景的公司高层管理人员以更高的视角来解读财报、理解会计是长江教授的责任。就通用财报的解读而言,如果读者或用户所站位置不同,结论自然也会有所不同。因为"横看成岭侧成峰,远近高低各不同"。同样的财报,不同的人会看到不同的重点,得出不同的结论。

长江,在当前中国,仍然是一所独一无二的学校。它的创立,犹如欧洲商学院(INSEAD)一样,是一批在国外获得博士学位的教授回到自己的祖国或家乡创办的一所世界级的商学院。欧洲商学院是一批欧洲籍的美国教授回欧洲创办的,而长江则是一批华人教授回国创办的。

"因为向往大海,所以汇入长江。"我在2002年长江创办的最早期就加入创始教授团队,人生20年很快就过去了。今年是长江成立的20周年,所以,在这个时间点上出版这本书,很有纪念意义。

第一次参加创始团队会议是在2002年5月初的上海。当时参加会议的教授共有5人。项兵是召集人。他拥有加拿大阿尔伯塔大学博

---

○ 本章所用长江,特指长江商学院。

士学位，时任北京大学光华管理学院教授，此前曾任职于中国香港科技大学和中欧国际工商学院，当时受聘于李嘉诚基金会和汕头大学，拟任院长。李乐德拥有美国西北大学博士学位，时任美国耶鲁大学商学院生产管理系教授，拟任学术副院长；郑渝生拥有美国哥伦比亚大学博士，时任宾夕法尼亚大学沃顿商学院生产管理系教授；齐大庆拥有美国密歇根州立大学博士学位，时任中国香港中文大学副教授，拟任 EMBA 学术主任。我是唯一一位在中国（西南大学）获得博士学位的本土教授，时任上海国家会计学院副院长，兼任上海财经大学博士生导师，拟任行政副院长。这次会议讨论了长江商学院成立的申请报告及首期 EMBA 招生手册。当然，这也许算不上是长江的第一次正式教授会议。因为除项兵外，其他教授尚未与李嘉诚基金会或汕头大学签约，也未在长江领取任何报酬。齐大庆和我本人是当年 7 月入职，而李乐德和郑渝生则在较长时间内仅持有访问教授身份。时任欧洲商学院助理教授的曾鸣（美国伊利诺伊大学香槟分校博士）随后加入，使得教授队伍逐步壮大。曾鸣拟任短期课程（EPD）学术主任。

2002 年 8 月 24 日，长江在东方广场举行了第一次教授招聘会，有十数位华人教授参加了这次会议。其中绝大部分在随后加入了长江或者与长江保持了长期的关系。

从上国会㊀到长江，对我来说是人生很大一个转折。上国会是旧有体制下孵化出来的新机构，虽鼓励创新，但难以在整体上摆脱旧体制的桎梏。顶层有总理的规划和设计，上层有财政部的领导和指示，中下层有各级地方政府的支持与配合，具有很强的资源整合能力。上呼下应，轰轰烈烈，顺势而成。长江则完全不同，它是由李嘉诚基

---

㊀ 上国会，上海国家会计学院简称，下同。

金会捐助,依据《中外合作办学条例》设立的第一家具有独立法人资格的中外合作办学机构,它不以营利为目的,主办 MBA、EMBA 等以上层次的公司高层管理人员非学历教育。在设立之初,大家深感茫然。所要创立的长江,既缺乏成熟的制度体系,也没有先例可以参照。所以,教育部相关领导曾在多个场合表示,长江能走出什么样的路,完全要靠自己。从这个意义上来说,创办长江,完全是"白手起家"。当然,如果没有李嘉诚基金会和汕头大学的全力支持,要创立长江,也是完全不可能的。

长江是由李嘉诚基金会和汕头大学共同发起,经由广东省人民政府递交教育部批准成立的教育机构。相关申请材料于 2002 年 5 月初第一次教授会议讨论后修订,并于 5 月 23 日完成终稿,递交教育部

审批。在等待批复的过程中，各项筹备工作紧张而有序地展开。一切目标围绕9月初开学。

在东方广场东三座的北京校区装修施工期间，我们临时借用了位于东方广场西三座的维港公司办公室。下图是早期的EMBA招生办公室，招生手册和相关资料就堆放在办公室一角。看上去很像一间仓库。其实，它就是一间仓库。长江就是在这里完成了EMBA的首期招生。

曾任职于上国会的唐春霞，是最早加入长江EMBA团队的创始员工，她后来还担任了很多其他极富挑战和创新的职务和工作，如校友事务及发展部执行主任、DBA企业家学者项目创立招生主任等，是长江创办过程中的重要功臣。长江位于东方广场东三座的校区于8

月底竣工交付使用，其设计是全球十大平面设计师中唯一的华人陈幼坚的作品。同时，他还为长江设计了独具特色的 LOGO 并一直沿用至今。

关于长江的 LOGO，还有一段故事。记得是在 2002 年的夏季，齐大庆、项兵和我同车从厦门前往汕头大学参加一个会议。在路上，齐大庆拿出陈幼坚已经初步完成的设计方案，并提供了三种颜色备选。他一边解释 LOGO 的寓意，一边征求我和项兵对三种颜色的意见。因当时正在行车的高速路上，我就说这路牌的颜色还比较耐看也很平和，大家一致表示认同并就此确定了长江 LOGO 的主色调。

长江的 LOGO 是一个很有文化的设计。玉玺的形状代表了它源自东方文化，它的右半边是篆字的"长"，下半部是"江"。上半部是平放的三本书，代表东方文明；左半边竖着放的三本书代表的是西方文明，寓意"中西贯通"的办学理念。据说其中还蕴含中国的易经文化，寓意"博古通今"，暂且按下不表。

长江北京校区建设之所以能如期高质量交付，得益于李嘉诚基金会基建项目组的全力支持。当时基建项目负责人梁守勇，吃苦耐劳，非常专业，每次在工地见到他，他都是灰头土脸。在日常交往和沟通中，他极富原则和专业精神，在随后几年上海校区和广州校区的建设过程中，也都提供过极大的帮助，为长江的早期创办做出了巨大贡献。

　　EMBA招生工作在8月初基本完成。在首期招收的110名学员中，拥有硕士及博士学位的学员占21.43%，本科占66.07%，大专占12.50%。平均年龄37.45岁，国有、民营和外资企业的学员比例分别为25.00%、36.61%和21.43%，还有一些政府及事业单位的学员。原本计划9月15日正式开学，后因长江设立的申请至2002年11月21日才正式批复，所以，开学日期被推迟至11月24日。至此，也意味着长江正式宣告成立。

　　长江名义上的成立只是完成了创立的第一步。接下来还需要完成很多法律注册手续，其中包括但不限于办学许可和法人资格证书。虽然当时的办学地点是在北京东方广场，但因申请是经由广东省人民政府批准设立，所以，法人身份注册还必须回到广东办理。回到广东第一个能想到的注册申请机构是广东省民政厅，一开始民政厅受理了我们的申请，但研究后又退回，原因是长江商学院属于中外合作办学机构，而非民办教育，超越了民政厅的受理范围。而且，根据民政厅的反馈意见，即使受理申请，"长江商学院"前面也要冠以"广东省"字样，而这与要打造世界级商学院的梦想完全相悖，只能放弃。为了使"长江商学院"的名称合法，我们又向民政部提出了注册申请，但同样由于中外合作办学的属性而被退回。

第二次回到广东，尝试了广东省工商局，但由于长江是非营利教育机构，超越了工商局的登记管理权限，再次被退回。后经各方面咨询反馈，才定向到广东省事业单位登记管理局。在广东省事业单位登记管理局的注册申请不仅保留了长江商学院的名称，而且也符合非营利教育机构的特性。

然而，仅有法人注册仍然不够，长江还需要取得中外合作办学许可证。由于这涉及在广东省的实质性办学内容，包括实质性的教学场所和设施、实质性的教学活动等，所以，申请过程也是大费周章。除此之外，银行登记、税务登记、社保登记……各种机构注册事宜都在有条不紊地推进。很多人在看长江的时候只是看到表面的亮丽，其背后的复杂性或许远超一般人想象。在这个过程中，时任我助理的郭翠英为此付出了很大的努力。她毕业于新加坡国立大学管理学院，获工商管理硕士学位，后参与新加坡国际管理学院的创建，于2002年9月回国加入长江。她也是长江成立早期的行政主任，在早期创建过程中为长江的成功创立付出了很大的热情和努力，立下了许多汗马功劳。

长江自一成立，便立意高远。根据早期的申请报告，长江的目标是在10年内成为世界一流的商学院。其宗旨是：① 致力于提供既具有国际先进水平又具有中国本土特点的管理教育，以培养中国的商界领袖；② 倡导严谨的研究，以成为新兴市场管理知识创新的先锋；

③满足并影响本土和国际社会不断变化的需求。它以世界级著名商学院为蓝本,坚持"教授治校"的管理体制,立足中国本土,走国际化的办学道路。加上李嘉诚基金会雄厚的财力支持和市场化的运作机制,使之有能力引进世界上最著名的管理教授团队,建立与国际著名商学院的广泛联盟,以帮助中国应对加入WTO以后市场不断国际化的挑战。

长江成立仅一年多时间,常任教授便增加到12位。陈宏(斯坦福大学博士,时任不列颠哥伦比亚大学讲座教授)、曹辉宁(加州大学金融学博士、耶鲁大学病理学博士,时任加州大学伯克利分校教授)、黄明(斯坦福大学博士,时任斯坦福大学商学院教授)、刘劲(哥伦比亚大学博士,时任加州大学洛杉矶分校教授)等都先后加盟长江。除此之外,阎爱民、蒋炯文、李秀娟、钟锐、刘伟等,也均与长江建立了访问或长聘的关系。一时间,长江兵强马壮、声誉日隆。

陈宏教授于2003年初回国,接替李乐德教授成为第二任学术副院长。无论是李乐德还是陈宏,都秉持了相同的办学理念,在任职期间为长江教授团队的建设确立了世界级的学术标准。我很庆幸自己是在这些标准确立之前加入长江的,如果在此之后,也许便再与长江无缘。这些标准不仅要求教授在全球顶级学术期刊上发表不低于10篇有影响力的论文,而且还要求提供不少于10封同行专家的推荐信。这超越了很多顶级商学院的教授招聘条件。但也正因为如此,才在创立的一开始便确立了较高的国际学术地位。

随着越来越多知名教授的陆续加盟,长江逐渐步入稳定和健康的发展阶段。继EMBA项目成功之后,长江又开设了MBA项目和博士项目。全日制英文MBA项目首期班于2003年11月3日正式开学。借用欧洲商学院的培养模式,学制18个月,全英文教学。首期

MBA 共录取 58 名学员，他们的 GMAT 成绩达到 680 分以上，并且他们当中的绝大多数都具有 5 年左右的中层管理经验和跨国公司工作背景。与此同时，长江还于 2003 年 7 月启动了首期博士培养项目，从 200 名申请者中严格选拔了 5 名高质量的学员作为首届长江 Ph.D. 学生，培养周期为 5 年，由李嘉诚基金会提供全额奖学金。采用北美培养模式，实行全英文教学与管理，配备具有世界一流水平的管理学教授为导师，以期为中国培养出具有国际竞争力的优秀博士毕业生。后因教授团队规模受限和学科单一局限被迫解散，但无论如何，它都是一次非常有意义的尝试。如果说在创办早期有什么后悔的事，我想早期的博士项目没能顺利坚持下来，可能是很大的遗憾。如果长江有博士学位项目支持，它今日的学术气氛会更加浓厚，更加具有世界级商学院的风范。

长江在教育部和国务院学位委员会的大力支持下，于 2005 年 2 月顺利获批"工商管理硕士专业学位授予单位"（学位 [2005]2 号），正式步入管理类学位教育的发展轨道。虽说长江距离世界级商学院的梦想尚需时日，但无论在学位教育质量还是教授团队的研究方面，均已具备领先水平，这也是为长江 20 年健康发展保驾护航的关键因素。回望过去，仿佛是完成了一件不可能完成的使命。

长江的创办是时代的产物，它是应中国加入 WTO 以后对高层次、国际化管理人才培养的需求而产生的。李嘉诚基金会希望通过长江这一平台，引进一大批世界级的管理学教授扎根于中国内地，并借此推动中国管理教育的发展，为中国培养一大批既具有国际视野又熟谙中国国情的企业家。早在 2002 年 8 月，李嘉诚先生便亲赴北京，与早期创始团队交流，了解学院的筹建进展。

首期 EMBA 开学不久，李嘉诚于 2002 年 12 月 19 日又专程从香港飞来北京，与首期班同学分享了"与大师同行"的第一讲：赚钱的艺术。更让人感动的是，他一到学院就急着跟我说晚上的讲座要这样讲、那样讲，并征求我的意见，看这样安排是否合适。真是让人感觉又亲近又敬佩。

2003年6月，李嘉诚又为长江同学举办了第二次讲座：奉献的艺术。他在讲座中说，其实花钱比赚钱更困难。他还说他已把自己的主要精力转向了教育与慈善事业。每年都要花很多时间精力在基金会的各项事业上。所以，从这个意义上来说，他才是长江当之无愧的创始人。没有他的全力支持与帮助，以及李嘉诚基金会同事们的沟通与协调，长江的创立是很难想象的。感恩他为长江付出的时间、善款和赤诚之心。

长江的创立在世界商学教育史上是一大奇迹，没有项兵教授的"忽悠"和同事们的共同努力，就不可能迎来长江今天的成就。20年过去了，"无边落木萧萧下，不尽长江滚滚来"。无数的同事对长江的成长付出过辛劳，付出过汗水，甚至流过血，流过泪。如罗云、古今、林佳澍、楼力、伍敏、齐力、王晰昧、杨丽芸、杨旸、王姗姗、宦承春、李杰、林耘、张浩、李丽、王芳、王蕊、王华、杨晓燕、陈珺等，以及李嘉诚基金会的Amy Au、Katherine Luo、Anthony Feung、Fabian Liang等，都为长江早期的创立贡献良多。无论他们是否已经离开长江，也无论他们是否还记得当年的事情，我们都不应该忘记他们。但见今日长江滔滔不绝，奔流入海，甚感欣慰。

因年代久远，很多人和事我可能已经遗忘。我只想对所有曾经支持、关心、帮助过我和帮助过长江成长的领导、同事、同学、朋友和亲人们表达我最诚挚的谢意。同时，我也想请求无论是我有意还是无意，也无论我知晓或者不知晓，在身体上或言语上，被我伤害过的人，我请求你们的原谅。我也原谅所有无论是有意还是无意，也无论是知晓还是不知晓，在身体上或言语上，曾经伤害过我的所有人。愿天下所有人都享有安详、和谐与快乐！

薛云奎

2022 年元宵节于上海下沙

# 注　释

1 黄卫伟. 价值为纲：华为公司财经管理纲要［M］. 北京：中信出版社，2017：6.
2 同上。
3 宋际金. 孟晚舟回国后　任正非谈女儿：孟晚舟现在是世界名人［EB/OL］.（2021-09-27）. https://internet.cnmo.com/figure/716592.html.
4 人民日报评论员. 没有任何力量能够阻挡中国前进的步伐［EB/OL］.（2021-09-26）. http://opinion.people.com.cn/n1/2021/0926/c1003-32236314.html.
5 曹溢. 那抹中国红是最坚定的信仰［EB/OL］.（2021-09-25）. https://www.ccdi.gov.cn/toutiao/202109/t20210925_251229.html.
6 观察者网. 华为手机不安全？美媒：脸书、电信运营商才更值得担心［EB/OL］.（2018-02-17）. https://www.guancha.cn/economy/2018_02_17_447308.shtml?s=fwckhfbt.
7 新华社. 外交部：个别国家应对发展中国家进步摆正心态［EB/OL］.（2019-05-30）. http://www.xinhuanet.com//world/2019-05-30/c_1124564373.htm.

8 同6。

9 黄堃. 新华国际时评：美式技术霸凌"失态"又"失道"［EB/OL］.（2019-05-17）. http://www.xinhuanet.com//2019-05-17/c_1210136841.htm?from=timeline&isappinstalled=0.

10 何庭波. 致员工的一封信［EB/OL］.（2019-05-17）https://baijiahao.baidu.com/s?id=1633735983421421951&wfr=spider&for=pc.

11 徐蕾. 当着特朗普面，谷歌高通等要求及时解禁华为［EB/OL］.（2019-07-23）. https://www.guancha.cn/internation/2019_07_23_510566.shtml.

12 百言千拍. 日企相继停止向华为供货半导体［EB/OL］.（2019-09-17）. https://baijiahao.baidu.com/s?id=1678095046258630808&wfr=spider&for=pc.

13 任正非. 任总在荣耀送别会上的讲话［EB/OL］.（2020-11-26）. https://xinsheng.huawei.com/cn/index.php?app=forum&mod=Detail&act=index&id=5147473&search_result=1.

14 严翠. 华为P50为什么"5G芯片只能当4G用"？卡在射频芯片滤波器！［EB/OL］.（2021-08-03）. http://egs.stcn.com/news/detail/934020.html.

15 华为. 华为高管媒体发声实录（第一册）［Z］. 2019：181-182.

16 宋婉心. 任正非采访精华汇总：华为能做美国一样的芯片［EB/OL］.（2019-05-21）. https://www.sohu.com/a/315396910_115565.

17 华为. 采访实录（第二册，2019.05-2019.08）［Z］. 2019：150.

18 FX168财经报社（中国香港）. 特朗普最新回应：我们多年前输了贸易战 如今要赢太容易［EB/OL］.（2018-04-04）. http://www.sohu.com/a/227322217_100122182.

19 liulan. 超过20万个，华为公布最新成绩单！川普态度变化 称不想谈华为！［EB/OL］.（2019-09-05）. http://www.cnoil.com/oil/20190905/n93003.html.

20 任正非接受中央电视台董倩专访纪要［EB/OL］.（2019-05-30）. https://xinsheng.huawei.com/cn/index.php?app=forum&mod=Detail&act=index&id=4313163&search_result=1.

21 任正非谈孟晚舟：儿女最重要是翅膀要硬 自由飞翔［EB/OL］.（2019-01-18）. https://baijiahao.baidu.com/s?id=1622986178306261144&wfr=spider&for=pc.

22　华为. 采访实录（第二册，2019.05-2019.08）[Z]. 2019：332.
23　同 20。
24　黄卫伟. 以奋斗者为本[M]. 北京：中信出版社，2014：11.
25　达沃斯论坛 BBC 专访任正非[EB/OL]. （2017-03-02）. https://xinsheng.huawei.com/cn/index.php?app=forum&mod=Detail&act=index&id=5062589&search_result=2.
26　任正非. 我的父亲母亲[EB/OL]. （2001-02-25）. https://xinsheng.huawei.com/next/#/detail?tid=6783481.
27　百度百科. 任正非[EB/OL]. （2019-03-25）. https://baike.baidu.com/item/%E4%BB%BB%E6%AD%A3%E9%9D%9E/448501?fr=aladdin.
28　商业能见度. 所以大学选专业一定要慎重[Z/OL]. https://v.douyin.com/8LQDSjN/.
29　同 26。
30　同 25。
31　同 25。
32　同 25。
33　同 25。
34　华为. 采访实录（第一册，2019.01-2019.05）[Z]. 2019：425.
35　任正非达沃斯接受采访，谈艰难创业历程[Z/OL]. https://www.iqiyi.com/w_19s650hqpp.html.
36　黄卫伟. 以客户为中心[M]. 北京：中信出版社，2016：182.
37　黄卫伟. 以奋斗者为本[M]. 北京：中信出版社，2014：9.
38　黄卫伟. 以奋斗者为本[M]. 北京：中信出版社，2014：8.
39　权酋研. 任正非的时代[EB/OL]. （2019-05-28）https://user.guancha.cn/wap/content?id=121446.
40　华为. 采访实录（第二册，2019.05-2019.08）[Z]. 2019：2.
41　同上。
42　参见思科公司官网：https://www.cisco.com/。
43　黄卫伟. 以客户为中心[M]. 北京：中信出版社，2016：181-182.
44　同 20。
45　同 20。
46　黄卫伟. 以客户为中心[M]. 北京：中信出版社，2016：187.
47　薛云奎. 克服偏见，还原财报背后的真相[M]. 北京：机械工业出版社，

2019：237-248.
48　黄卫伟. 以客户为中心［M］. 北京：中信出版社，2016：65.
49　黄卫伟. 以客户为中心［M］. 北京：中信出版社，2016：69-70.
50　诺基亚［EB/OL］.（2021-12-14）https://baike.baidu.com/item/%E8%AF%BA%E5%9F%BA%E4%BA%9A/114431.
51　阿訾. 2021上半年手机ZDC报告："后华为"市场格局初定　OV小米占超60%份额［EB/OL］.（2021-09-28）. https://mobile.zol.com.cn/776/7769824.html.
52　黄卫伟. 以客户为中心［M］. 北京：中信出版社，2016：6.
53　黄卫伟. 以客户为中心［M］. 北京：中信出版社，2016：9.
54　黄卫伟. 以奋斗者为本［M］. 北京：中信出版社，2014：28.
55　黄卫伟. 价值为纲：华为公司财经管理纲要［M］. 北京：中信出版社，2017：37.
56　同上。
57　黄卫伟. 以奋斗者为本［M］. 北京：中信出版社，2014：25.
58　同上。
59　黄卫伟. 以客户为中心［M］. 北京：中信出版社，2016：75.
60　黄卫伟. 以客户为中心［M］. 北京：中信出版社，2016：38.
61　黄卫伟. 以客户为中心［M］. 北京：中信出版社，2016：74.
62　黄卫伟. 价值为纲：华为公司财经管理纲要［M］. 北京：中信出版社，2017：20.
63　黄卫伟. 价值为纲：华为公司财经管理纲要［M］. 北京：中信出版社，2017：53.
64　田涛，吴春波. 下一个倒下的会不会是华为［M］. 北京：中信出版社，2017：127-128.
65　同62。
66　黄卫伟. 价值为纲：华为公司财经管理纲要［M］. 北京：中信出版社，2017：20-21.
67　黄卫伟. 价值为纲：华为公司财经管理纲要［M］. 北京：中信出版社，2017：56.
68　黄卫伟. 以客户为中心［M］. 北京：中信出版社，2016：207.
69　黄卫伟. 以客户为中心［M］. 北京：中信出版社，2016：209.
70　黄卫伟. 价值为纲：华为公司财经管理纲要［M］. 北京：中信出版社，

注　释　277

2017：99.

71　黄卫伟. 价值为纲：华为公司财经管理纲要［M］. 北京：中信出版社，2017：101.

72　黄卫伟. 价值为纲：华为公司财经管理纲要［M］. 北京：中信出版社，2017：102.

73　黄卫伟. 价值为纲：华为公司财经管理纲要［M］. 北京：中信出版社，2017：54.

74　同67。

75　黄卫伟. 以客户为中心［M］. 北京：中信出版社，2016：215.

76　黄卫伟. 价值为纲：华为公司财经管理纲要［M］. 北京：中信出版社，2017：116.

77　黄卫伟. 价值为纲：华为公司财经管理纲要［M］. 北京：中信出版社，2017：110.

78　黄卫伟. 价值为纲：华为公司财经管理纲要［M］. 北京：中信出版社，2017：112-113.

79　黄卫伟. 价值为纲：华为公司财经管理纲要［M］. 北京：中信出版社，2017：380.

80　同上。

81　金融界. 美企汇回6650亿海外利润　与特朗普承诺4万亿相差甚远［EB/OL］.（2019-03-28）. https://baijiahao.baidu.com/s?id=1629195778444364891&wfr=spider&for=pc.

82　黄卫伟. 价值为纲：华为公司财经管理纲要［M］. 北京：中信出版社，2017：311.

83　同61。

84　任正非. 创新是华为发展的不竭动力［EB/OL］.（2000-07-20）. https://xinsheng.huawei.com/next/#/detail?tid=6783569.

85　黄卫伟. 价值为纲：华为公司财经管理纲要［M］. 北京：中信出版社，2017：321.

86　黄卫伟. 价值为纲：华为公司财经管理纲要［M］. 北京：中信出版社，2017：323.

87　黄卫伟. 以奋斗者为本［M］. 北京：中信出版社，2014：45.

88　黄卫伟. 价值为纲：华为公司财经管理纲要［M］. 北京：中信出版社，2017：Ⅲ.

89　华为. 采访实录（第一册，2019.01-2019.05）[Z]. 2019：10.
90　黄卫伟. 以客户为中心 [M]. 北京：中信出版社，2016：71-72.
91　黄卫伟. 以客户为中心 [M]. 北京：中信出版社，2016：16.
92　华为总裁任正非在华为内部的励志演讲稿 [EB/OL]. (2019-02-05).
　　https://www.dyhzdl.cn/k/doc/55c96a0ecd22bcd126fff705cc17552707
　　225ef4.html.
93　任正非：钱分好了，管理的一大半问题就解决了 [EB/OL]. (2021-11-08).
　　https://new.qq.com/omn/20211108/20211108A03MAS00.html.
94　同25。
95　黄卫伟. 价值为纲：华为公司财经管理纲要 [M]. 北京：中信出版社，
　　2017：21.
96　同上。
97　华为. 采访实录（第一册，2019.01-2019.05）[Z]. 2019：10.
98　华为. 采访实录（第一册，2019.01-2019.05）[Z]. 2019：11.
99　黄卫伟. 以奋斗者为本 [M]. 北京：中信出版社，2014：12.
100　任正非. 必须成功，就要抓住人性的欲望！[EB/OL]. (2019-08-09).
　　https://www.sohu.com/a/246253108_775298.
101　同92。
102　黄卫伟. 价值为纲：华为公司财经管理纲要 [M]. 北京：中信出版社，
　　2017：37.
103　黄卫伟. 价值为纲：华为公司财经管理纲要 [M]. 北京：中信出版社，
　　2017：38.
104　华为. 采访实录（第一册，2019.01-2019.05）[Z]. 2019：84.
105　同103。
106　同103。
107　华为. 采访实录（第一册，2019.01-2019.05）[Z]. 2019：33.
108　黄卫伟. 以客户为中心 [M]. 北京：中信出版社，2016：72.
109　任正非与Fellow座谈会上的讲话 [EB/OL]. (2016-07-22). https://
　　xinsheng.huawei.com/cn/index.php?app=forum&mod=Detail&act=in
　　dex&id=3007315&pid=24996501&p=1.
110　华为. 采访实录（第一册，2019.01-2019.05）[Z]. 2019：10.
111　同97。
112　黄卫伟. 以客户为中心 [M]. 北京：中信出版社，2016：328.

113　黄卫伟. 以客户为中心［M］. 北京：中信出版社，2016：330.
114　黄卫伟. 以客户为中心［M］. 北京：中信出版社，2016：331.
115　华为. 采访实录（第一册，2019.01-2019.05）［Z］. 2019：124.
116　同上。
117　华为. 采访实录（第一册，2019.01-2019.05）［Z］. 2019：127.
118　同 25。
119　黄卫伟. 价值为纲：华为公司财经管理纲要［M］. 北京：中信出版社，2017：58.
120　华夏基石 e 洞察. 任正非：没有什么能阻挡我们前进的步伐［EB/OL］.（2016-01-21）. https://www.sohu.com/a/55695455_343325.
121　黄卫伟. 价值为纲：华为公司财经管理纲要［M］. 北京：中信出版社，2017：58-59.
122　同 25。
123　王弼. 老子道德经注［M］. 北京：中华书局，2011：87.
124　任正非. 华为是狼文化，所以不屈不挠［EB/OL］.（2021-11-01）. https://www.douyin.com/video/7025448079339916552.
125　黄卫伟. 以奋斗者为本［M］. 北京：中信出版社，2014：1.
126　黄卫伟. 以客户为中心［M］. 北京：中信出版社，2016：61.
127　黄卫伟. 以奋斗者为本［M］. 北京：中信出版社，2014：125.
128　黄卫伟. 以奋斗者为本［M］. 北京：中信出版社，2014：115.
129　黄卫伟. 以客户为中心［M］. 北京：中信出版社，2016：20.
130　黄卫伟. 以客户为中心［M］. 北京：中信出版社，2016：22.
131　黄卫伟. 以奋斗者为本［M］. 北京：中信出版社，2014：119.
132　同 146。
133　杨林. 与任正非的一次花园谈话［EB/OL］.（2015-10-13）. https://xinsheng.huawei.com/cn/index.php?app=forum&mod=Detail&act=index&id=2631233&search_result=29.
134　同 25。
135　华为. 采访实录（第一册，2019.01-2019.05）［Z］. 2019：103.
136　黄卫伟. 价值为纲：华为公司财经管理纲要［M］. 北京：中信出版社，2017：159.
137　同 89。
138　吴玲. 美的人生　何享健［M］. 北京：新世界出版社，2016：14.

139　吴玲. 美的人生　何享健［M］. 北京：新世界出版社，2016：21.
140　吴玲. 美的人生　何享健［M］. 北京：新世界出版社，2016：41.
141　吴玲. 美的人生　何享健［M］. 北京：新世界出版社，2016：38.
142　吴玲. 美的人生　何享健［M］. 北京：新世界出版社，2016：71.
143　美的集团. 广东美的集团股份有限公司招股说明书概要（1993年10月6日）［R］. 1993.
144　美的集团. 广东美的集团股份有限公司董事局公告（2000年5月13日）［R］. 2000.
145　美的集团. 广东美的集团股份有限公司董事局公告（2001年1月19日）［R］. 2001.
146　粤美的 A. 股权结构大调整（2001年3月8日）［R］. 2001
147　美的集团. 美的集团股份有限公司换股吸收合并广东美的电器股份有限公司报告书（2013年7月）［R］. 2013.
148　粤美的 A. 公司更名公告（2004年5月28日）.［R］. 2004.
149　美的电器. 广东美的电器股份有限公司关于美的集团有限公司完成增持公司流通股股份的公告（公告编号：2006-028，2006年5月20日）［R］. 2006.
150　美的电器. 广东美的电器股份有限公司关于美的集团部分股权转让的提示性公告（公告编号2011-033，2011年10月18日）［R］. 2011.
151　美的集团. 美的集团股份有限公司换股吸收合并广东美的电器股份有限公司报告书（草案）摘要（2013年3月）［R］. 2013.
152　美的集团. 美的集团股份有限公司换股吸收合并广东美的电器股份有限公司报告书（2013年7月）［R］. 2013.
153　美的股份. 广东美的股份有限公司关于何享健先生辞去公司董事局主席及董事职务的公告（公告编号：2009-040，2009年8月27日）［R］. 2009.
154　美的集团董事长何享健宣布卸任　方洪波接棒［EB/OL］.（2012-08-25）. http://news.sohu.com/20120825/n351522873.shtml.
155　2020福布斯全球亿万富豪榜［EB/OL］.（2020-04-08）. https://www.forbeschina.com/lists/1733.
156　顺德新闻. 何享健捐资60亿成立和的慈善基金会［EB/OL］.（2017-07-25）. https://www.sohu.com/a/159894039_612977.
157　美的集团. 美的集团股份有限公司2020年年度报告［R］. 2021.
158　杨昊."改革开放40年百名杰出民营企业家"名单发布［EB/OL］.

（2018-10-25）. http://industry.people.com.cn/n1/2018/1102/c413883-30377652.html.

159 改革先锋称号获得者、中国改革友谊奖章获得者全名单［EB/OL］.（2018-12-18）. https://baijiahao.baidu.com/s?id=1620157958926699141&wfr=spider&for=pc.

160 文钊. 方洪波与美的的26年［EB/OL］.（2019-01-02）. https://www.huxiu.com/article/279274.html.

161 美的电器. 美的后MBO时代的产业扩张（2004年11月28日）［R］. 2004.

162 美的电器. 广东美的电器股份有限公司购买资产暨关联交易公告（公告编号2008-064，2008年12月5日）［R］. 2008.

163 美的电器. 广东美的电器股份有限公司关于收购埃及Miraco公司股权的提示性公告（公告编号：2010-028，2010年5月4日）［R］. 2010.

164 美的股份. 广东美的股份有限公司关于收购开利拉美空调业务的公告（公告编号：2011-23，2011年8月6日）［R］. 2011.

165 香港联交所. 聆讯后资料集 美的置业控股有限公司（2018年9月25日）［R］. 2001.

166 彭小毛. 美的的转型之路［EB/OL］.（2016-04-30）. https://china.huanqiu.com/article/9CaKrnJV65V.

167 同上.

168 美的集团. 美的集团股份有限公司关于收购东芝白色家电业务80.1%股份交割进展的公告（公告编号：2016-082，2016年7月1日）［R］. 2016.

169 张建军. 方洪波：搭建平台，布局全球［EB/OL］.（2016-07-04）. http://www.jdw001.com/article-17837-1.html.

170 美的集团. 美的集团股份有限公司要约收购KUKA Aktiengesellschaft报告书（草案）（2016年5月26日）［R］. 2016.

171 美的集团. 美的集团股份有限公司关于全面收购KUKA Aktiengesellschaft股权并私有化的自愿性信息披露公告（公告编号：2021-110，2021年11月24日）［R］. 2021.

172 美的集团. 美的集团股份有限公司发行A股股份换取吸收合并无锡小天鹅股份有限公司暨关联交易预案（2018年10月）［R］. 2018.

173 美的. 美的集团股份有限公司发行A股股份换取吸收合并无锡小天鹅股份有限公司暨关联交易实施情况暨新增股份上市公告书（2019年6月）［R］.

2019.
174 同173。
175 SAMSUNG. CONSOLIDATED FINANCIAL STATEMENTS OF SAMSUNG ELECTRONICS CO., LTD. AND ITS SUBSIDIARIES INDEX TO FINANCIAL STATEMENTS（2021-02-17）[R]. 2021.
176 LG. LG Electronics consolidated Financial Statement（December 31, 2020 and 2019）[R]. 2021.
177 SONY. SONY GROUP CORPORATION Form 20-F（2021-03-31）[R]. 2021.
178 青岛天和. 青岛海尔股份有限公司拟收购海尔集团公司持有的三菱重工海尔（青岛）空调机有限公司45%股权所涉及的三菱重工海尔（青岛）空调机有限公司股东部分权益价值评估项目资产估值报告书（青天评报字[2015]第QDV1084号，2015年12月19日）[R]. 2015.
179 Hitachi. Hitachi Integrated Report 2021（2021-03-31）[R]. 2021.
180 徐静波. 松下电器为何收购三洋公司？[EB/OL]. （2008-11-05）. http://blog.sina.com.cn/s/blog_4cd1c1670100b4a1.html.
181 Panasonic. Panasonic Corporation Annual Report 2021（2021-03-31）[R]. 2021.
182 WHIRLPOOL. WHIRLPOOL CORPORATION FORM 10-K（2020-12-31）[R]. 2020.
183 惠而浦. 惠而浦2020年年度报告[R]. 2020.
184 PHILIPS. PHILIPS Annual Report 2020[R]. 2020.
185 新浪科技. 飞利浦宣布将家电业务出售给高瓴资本 总价44亿欧元[EB/OL]. （2021-03-25）. https://finance.sina.com.cn/tech/2021-03-25/doc-ikknscsk1399393.shtml.
186 Siemens. Siemens Report, For Fiscal 2021[R]. 2021.
187 BOSCH. BOSCH Annual Report 2020[R]. 2020.
188 BOSCH. BSH IN FACTS AND FIGURES[EB/OL]. https://www.bsh-group.com/about-bsh/company-portrait.
189 Electrolux. Electrolux Annual Repor 2020[R]. 2020.
190 海尔智家. 海尔智家股份有限公司关于境外上市外资股（H股）上市暨股份变动情况的公告（公告编号：临2020-078，2020年12月22日）[R]. 2020.

191 青岛海尔. 青岛海尔股份有限公司关于境外上市外资股（D 股）上市暨股份变动情况的公告（公告编号：临 2018-063，2018 年 10 月 25 日）[R]. 2018.

192 青岛海尔. 青岛海尔股份有限公司关于海尔集团公司与日本三洋电机株式会社签署备忘录的公告（公告编号：临 2011-029，2011 年 7 月 28 日）[R]. 2011.

193 青岛海尔. 青岛海尔股份有限公司重大资产购买实施情况报告书（2017 年 1 月）[R]. 2017.

194 青岛海尔. 青岛海尔股份有限公司关于受让 Fisher & Paykel Production Machinery Limited 100% 股权暨关联交易的公告（公告编号：临 2017-022，2017 年 6 月 20 日）[R]. 2017.

195 青岛海尔. 青岛海尔股份有限公司关于收购意大利 Candy 公司 100% 股份交割完成的公告（公告编号：临 2019-002，2019 年 1 月 7 日）[R]. 2019.

196 海尔智家. 海尔智家 2021 年年度报告[R]. 2021.

197 美的集团. 广东美的集团股份有限公司招股说明书摘要（1993 年 10 月 6 日）[R]. 1993.

198 美的集团. 广东美的集团股份有限公司股份变动报告（1995 年 10 月 5 日）[R]. 1995.

199 北窖投资. 顺德市北窖投资发展有限公司关于受让广东美的集团股份有限公司部分法人股的公告（公告日期：1998 年 9 月 22 日）[R]. 1998.

200 美的集团. 广东美的集团股份有限公司董事局公告（1998 年 11 月 4 日）[R]. 1998.

201 美的集团. 广东美的集团股份有限公司 1999 年配股说明书（1999 年 7 月 26 日）[R]. 1999.

202 粤美的 A. 美的管理层收购（2000 年 12 月 27 日）[R]. 2001.

203 格力电器. 珠海格力电器股份有限公司股票上市公告书（1996 年 11 月 18 日）[R]. 1996.

204 格力电器. 珠海格力电器股份有限公司配股说明书（1998 年 4 月 4 日）[R]. 1998.

205 格力电器. 珠海格力电器股份有限公司配股说明书（2000 年 7 月 20 日）[R]. 2000.

206 格力电器. 珠海格力电器股份有限公司关于股权分置改革承诺事项实施情

况的公告（2006年7月6日）[R]．2006.

207 格力电器．珠海格力电器股份有限公司2006年度股权激励实施方案（2007年10月31日）[R]．2007.

208 格力电器．珠海格力电器股份有限公司关于2007年度股权激励实施完毕的公告（公告编号：2009-04，2009年2月13日）[R]．2009.

209 格力电器．珠海格力电器股份有限公司关于控股股东申请终止剩余股权激励计划的公告（公告编号：2019-038，2019年6月15日）[R]．2019.

210 格力电器．珠海格力电器股份有限公司关于控股股东拟通过公开征集受让方的方式协议转让公司部分股权暨复牌的提示性公告（公告编号：2019-016，2019年4月9日）[R]．2019.

211 格力电器．格力电器：关于控股股东拟协议转让公司部分股份公开征集受让方的结果公告（公告编号：2019-058，2019年10月29日）[R]．2019.

212 百度百科．董明珠[EB/OL]．（2020-01-25）．https://baike.baidu.com/item/%E8%91%A3%E6%98%8E%E7%8F%A0/1133.

213 陈鹏．三位80后接班人登上最杰出商界女性排行榜[EB/OL]．（2017-02-07）https://tech.ifeng.com/a/20170207/44539751_0.shtml.

214 百度百科．张瑞敏[EB/OL]．（2020-01-03）．https://baike.baidu.com/item/%E5%BC%A0%E7%91%9E%E6%95%8F/19495.

215 青岛海尔．青岛海尔电冰箱股份有限公司股票上市公告书（1993年11月12日）[R]．1993.

216 青岛海尔．青岛海尔电冰箱股份有限公司股份变动公告（1996年6月5日）[R]．1996.

青岛海尔．青岛海尔电冰箱股份有限公司股份变动公告（1997年11月28日）[R]．1997.

217 青岛海尔．青岛海尔电冰箱股份有限公司董事会公告（1997年12月30日）[R]．1997.

218 青岛海尔．青岛海尔电冰箱股份有限公司1999年度配股说明书（1999年7月28日）[R]．1999.

219 青岛海尔．青岛海尔电冰箱股份有限公司2000年度公募增发招股意向书（2001年1月3日）[R]．2001.

220 青岛海尔．青岛海尔变更第一大股东（2001年8月6日）[R]．2001.

221 青岛海尔．青岛海尔股份有限公司股权分置改革方案实施公告（2006年5

月12日)[R].2006.

222 青岛海尔.青岛海尔股份有限公司详式权益变动报告书(2007年5月25日)[R].2007.

223 青岛海尔.青岛海尔股份有限公司非公开发行股票发行结果暨股本变动公告(公告编号:临2014-041,2014年7月21日)[R].2014.

224 青岛海尔.青岛海尔股份有限公司公开发行可转换公司债券发行提示性公告(公告编号:临2018-083,2018年12月17日)[R].2018.

225 海尔智家.海尔智家股份有限公司关于私有化海尔电器集团有限公司方案生效及公司H股介绍上市相关安排的公告(公告编号:临2020-077,2020年12月22日)[R].2020.

226 同206。

# 推荐阅读

### 穿透财报,发现企业的秘密

源自长江商学院的满分课程。

精选15家热门上市公司,用独创的四维分析法解读连续10年财报,发现货真价实的好公司。

### 克服偏见,还原财报背后的真相

学会不带偏见地下结论,还原公司的本来面目。

### 穿透财报,发现互联网的商业逻辑

系统解读了腾讯、阿里、京东、百度、亚马逊、字母表和元宇宙公司过去10年甚至更长时间的公开财报,以权威数据透析互联网企业的商业逻辑与核心能力。

### 商道就是共享:从财报数据穿透商道本质

一本将管理思想与财报数据深度融合的商业宝典,分为上下两篇,分别以华为、美的为代表的多家中国公司为案例,对比其与世界同行顶级公司系统财报数据,从经营、管理、财务和业绩四个维度解析中国企业的实力及其与国际顶级企业之间的差距,探求商道本质。

战略只是想到,财报数据才是做到。